reinhardt

D1996583

Mone Welsche

Beziehungsorientierte Bewegungspädagogik

Mit einem Geleitwort von Gerd Hölter

Mit 38 Abbildungen und 6 Tabellen

Dieses Buch ist öffentliches Eigentum.
Für Verlust und jede Art von Beschädigung haftet der Entleiher.
Vor allem bitte keinerlei Anstreichungen!
Auch Bleistiftanstreichungen gelten als Beschädigung des entliehenen Buches!

Ernst Reinhardt Verlag München

Stadt- und Landesbibliothek
Zentralbibliothek
Dortmund

GELÖSCHT
STADT- UND
LANDESBIBLIOTHEK
-FREIHANDBIBLIOTHEK-
DORTMUND

Prof. Dr. *Mone Welsche*, Freiburg i. Br., Bewegungstherapeutin und -pädagogin, ist Professorin für Entwicklungsförderung im Kindes- und Jugendalter an der Katholischen Hochschule Freiburg.

Hinweis: Die Wiedergabe von Gebrauchsnamen, Handelsnamen, Warenbezeichnungen usw. in diesem Werk berechtigt auch ohne besondere Kennzeichnungen nicht zu der Annahme, dass solche Namen im Sinne der Warenzeichen- und Markenschutz-Gesetzgebung als frei zu betrachten wären und daher von jedermann benutzt werden dürften.

Oh
Wels

Bibliografische Information der Deutschen Nationalbibliothek

Die Deutsche Nationalbibliothek verzeichnet diese Publikation in der Deutschen Nationalbibliografie; detaillierte bibliografische Daten sind im Internet über <http://dnb.d-nb.de> abrufbar.
ISBN 978-3-497-02751-4 (Print)
ISBN 978-3-497-60465-4 (PDF)

© 2018 by Ernst Reinhardt, GmbH & Co KG, Verlag, München

Dieses Werk, einschließlich aller seiner Teile, ist urheberrechtlich geschützt. Jede Verwertung außerhalb der engen Grenzen des Urheberrechtsgesetzes ist ohne schriftliche Zustimmung der Ernst Reinhardt GmbH & Co KG, München, unzulässig und strafbar. Das gilt insbesondere für Vervielfältigungen, Übersetzungen in andere Sprachen, Mikroverfilmungen und für die Einspeicherung und Verarbeitung in elektronischen Systemen.

Printed in Germany
Covermotiv und Abbildungen im Innenteil unter Verwendung von Fotos von Prof. Dr. Mone Welsche und Hannah Heine
Satz: Sabine Ufer, Leipzig

Ernst Reinhardt Verlag, Kemnatenstr. 46, D-80639 München
Net: www.reinhardt-verlag.de E-Mail: info@reinhardt-verlag.de

Inhalt

Hinweise zur Verwendung der Icons

 Gruppenaktivität

 Partneraktivität

 Einzelaktivität

 Körperwahrnehmung

 Raumwahrnehmung

 Bewegungsqualität

Geleitwort

In den 1960er Jahren begann die englische Leibeserzieherin Veronica Sherborne, ihre besondere Form der Bewegungspädagogik in Filmen zu dokumentieren und so einem größeren Personenkreis bekannt zu machen.

Filmtitel wie *„In Kontakt sein“* (1965), *„Erkundungen“* (1971), *„Ein Gespür für Bewegung“* (1976), *„Eine Sache des Vertrauens“* (1980), *„Brücken bauen“*(1982) und *„Gute Freunde“* (1986) sind kennzeichnend für ihre Botschaft: Bewegung ist das zentrale Medium ihres besonderen heil- und bewegungspädagogischen Ansatzes, der auf Vertrauen basiert, der freudvoll und gemeinschaftsstiftend ist und der es vermag, „Brücken in die Welt“ besonders für solche Menschen zu schlagen, die einer besonderen Förderung bedürfen.

V. Sherborne arbeitete zunächst bei Kindern mit einer geistigen Behinderung. Später erweiterte sie ihre Tätigkeit auf Gruppen mit anderen Behinderungen und Störungsbildern, sog. „Special Needs“ wie Autismus, Schwerstbehinderung und Verhaltensauffälligkeiten. Zeitgleich mit dem Jahr ihres Todes 1990 hat sie unter dem Titel „Developmental Movement for Children“ ihre Ideen und praktischen Anregungen in eine schriftliche Form gebracht. Ihr Konzept erweiterte sie hier von Kindern mit einer Behinderung oder anderen Auffälligkeiten auf alle Kinder sowie auch auf die Früherziehung. Ihr Buch erschien – u.a. nach Veröffentlichungen in Skandinavien, Japan und Holland – unter dem Titel „Beziehungsorientierte Bewegungspädagogik“ 1998; in Deutschland, eingeführt und übersetzt von C. Dirjack. Durch die deutschsprachige Titelwahl wurde *ein* Aspekt ihrer Arbeit, die Anbahnung von Beziehung und Kommunikation durch gemeinsame Bewegungsaktivitäten, besonders hervorgehoben.

Trotz einer weitreichenden internationalen Beachtung ist der Ansatz von V. Sherborne hierzulande einer größeren Fachöffentlichkeit weitgehend unbekannt geblieben: Und das vor allem in der akademischen Disziplin der Leibeserziehung (seit Mitte der 1970er Jahre der Sportpädagogik), die sich zwar zentral mit der bildenden Bedeutung von Bewegungs-, Spiel- und Sportaktivitäten befasste, ohne sich jedoch in ihren didaktischen und methodischen Konzepten näher auf Personen außerhalb des schulischen „Mainstreams“ zu beziehen. In den Präambeln der Richtlinien für die Schule und in wenigen Einzelpublikationen wurde zwar immer wieder die sozialbildende

Kraft von Bewegung und Sport beschworen mit insgesamt nur einem geringen Einfluss auf die Praxis des schulischen Sportunterrichts. Dieser orientiert sich größtenteils weiterhin – nach Schulform allerdings unterschiedlich – an einem sportlich bestimmten Leistungsbegriff mit eindeutigen Bewertungsszenarien. In der wissenschaftlichen Sportpädagogik wurde ab Mitte der 1990er Jahre sogar eine intensive Debatte darüber geführt, ob eine Instrumentalisierung des Sports für übergeordnete Bildungszwecke wie z. B. sozialem Lernen nicht seiner ursprünglichen Sinngebung zuwiderliefe.

Jenseits dieser meist akademischen Diskussion hatten schon erheblich früher, d. h. ab Mitte der 1980er Jahre u. a. mit der Psychomotorischen Erziehung in Kindergärten, Sonder- und Grundschulen sowie außerschulisch mit den „New Games" und der Erlebnispädagogik Konzepte erfolgreich Einzug gehalten, die sich in ihren Zielen und Methoden weitgehend jenseits von dominierenden schulsportpädagogischen Überlegungen bewegten. Eine Veränderung und neue Dynamik für die Mainstream-Sportpädagogik wurde erst wieder durch die vor kurzem von internationalen Entwicklungen angestoßene gesellschafts- und bildungspolitische Entscheidung für mehr *Inklusion* ausgelöst. Wurden bis dahin Themen wie Integration, Behinderung, Inklusion und Teilhabe – im Gegensatz zu internationalen Entwicklungen – in der deutschsprachigen Sportpädagogik eher randständig behandelt, so erfahren neuerdings diese Themen in Lehre, Forschung und Praxis eine größere Aufmerksamkeit und Berücksichtigung.

Auf diesem Hintergrund ist auch die (Wieder-) Entdeckung der Arbeiten von V. Sherborne mit ihren theoretischen und praktischen Anreicherungen durch die Autorin dieses Buches zu verstehen. Das ursprüngliche Konzept wird hier in neuartiger Weise um ausgewählte sportpädagogische und entwicklungspsychologische Aspekte ergänzt und unter besonderer Berücksichtigung der Inklusion auch für andere Adressatengruppen handhabbar gemacht.

Ein entscheidendes Merkmal des ursprünglichen Ansatzes von V. Sherborne bleibt dabei jedoch weitgehend erhalten: Die enge *Orientierung an dem Phänomen der Bewegung* selbst, die – so ihr theoretischer Mentor Rudolf von Laban – entscheidend durch die konstitutiven Merkmale *Kraft, Zeit, Raum* und *Antrieb* bestimmt wird. Dass die Übung und das Spiel mit diesen Merkmalen allerdings nicht für die Begründung eines erzieherischen, heilpädagogischen oder therapeutischen Konzepts hinreichend ist, macht Laban 1966 ebenfalls deutlich:

> *„Es kann nicht oft genug wiederholt werden, dass es unsinnig ist, dem Tanzen als solchem [der Bewegung als solcher, G.H.] irgendeine heilende oder erzieherische Wirkung zuzuschreiben" (Laban 1966, zit. n. Willke et al. 1991, 88).*

Laban macht für die positiven Wirkungen von Bewegung – und dies bezieht er vor allem auch auf rhythmische Bewegungen in der Arbeitswelt und das Spiel von Kindern im Alltag – eine „*magische Kraft*“, ein „*gewisses Etwas*“, ein „*Mysterium*“, eine „*Zauberei*“ verantwortlich. Dieses „*magische Element*“, das er auch als „*Anmut der Bewegung*“ beschreibt, bleibt letztlich auch durch qualitativ diagnostische Verfahren wie die Labanotation oder eine biomechanische Bewegungsanalyse nicht beschreibbar und ist, wie z. B. die Noten in der Musik, nur recht unvollkommen immer wieder gleich reproduzierbar.

Das vermag wohl auch zu erklären, warum V. Sherborne zur Verbreitung ihrer Ideen eher die filmische Darstellung mit einem atmosphärischen Eindruck des Geschehens, mit der sichtbaren Mimik und Gestik als lebendigem Ausdruck des Interesses und der Freude gewählt hat und nicht die sprachlich festgelegte Form eines Buches, das die Besonderheiten des nonverbalen Ausdrucks nur unvollkommen zu beschreiben vermag. Für die weitere Lehrbarmachung und Verbreitung einer ursprünglichen an V. Sherborne gebundenen „MeisterInnenlehre“ sind jedoch aktualisierte Anbindungen an aktuelle sport- und heilpädagogische sowie entwicklungspsychologische Aspekte unbedingt notwendig.

Eben dies hat die Autorin u. a. auf der Basis ihres heil- und sportpädagogischen Wissens und ihrer vielfältigen Erfahrungen mit unterschiedlichen Gruppen von Menschen mit Behinderungen und Auffälligkeiten getan.

Fachbücher vermögen jedoch nicht die Mühe zu ersetzen,

> *„sich mit den eigenen Bewegungen und den gezielten Gefühlsregungen, die sich darin widerspiegeln, vertraut zu machen“ (Laban 1966, zit. n. Willke et al. 1991,86f).*

Den LeserInnen dieses Buches wünsche ich beides: Dass sie die „*Magie und Anmut der Bewegung*“ hinreichend selbst erleben dürfen und die Fähigkeit entwickeln, das Erlebte professionell einzuordnen und zu reflektieren. Besonders für das Letztere ist das Buch eine gute Hilfe.

Gerd Hölter, Bornheim im September 2017

Einleitung

BEISPIEL

Maria, Paul, Tim und Eva sind Vorschulkinder eines Regelkindergartens. Die ErzieherInnen der Gruppe beklagen, dass die Kinder untereinander sehr wild seien und häufig rangeln würden. Da viele offensichtlich Schwierigkeiten hätten, ihre Kräfte zu kontrollieren, würde das spielerische Kämpfen oftmals in Streit ausarten. Mittlerweile wurden Verhaltensregeln aufgestellt, die die „Kämpfchen" verbieten. Trotzdem sei bei vielen Kindern das Rangeln kaum zu unterbinden.

Peter, Til und Jakob sind zwischen 11 und 12 Jahren alt und Schüler an einer inklusiven Schule. Bei Peter besteht Verdacht auf ADHS. Er ist unruhig, impulsiv und kann sich schlecht konzentrieren. Er streitet viel mit anderen Kindern und versucht häufig, sich mit unfairen Mitteln durchzusetzen. Til ist als Regelschüler in der Klasse. In seinen Bewegungen und Verhalten ist er eher unsicher und zurückhaltend. Blickkontakt nimmt er kaum auf, Konfrontationen geht er meist aus dem Weg. In Situationen, die eine Kooperation mit anderen erfordern, zieht er sich eher zurück. Jakob hat eine leichte geistige Behinderung und sitzt im Rollstuhl. Diesen kann er an „guten Tagen" verlassen und ein paar Schritte gehen. Er ist gut in die Gruppe integriert.

Frau Scholz ist 75 Jahre alt. Sie lebt zurückgezogen in einem Pflegeheim. Bei ihrer Alltagsgestaltung braucht sie Unterstützung, da sie im Rollstuhl sitzt und auch in ihren feinmotorischen und kognitiven Fähigkeiten eingeschränkt ist. Es kommt regelmäßig eine Pflegekraft, die ihr beim Waschen und Anziehen hilft. Frau Scholz nimmt am gemeinsamen Essen teil. In den angebotenen Sing- und Bastelkreisen ist sie eher passiv und wenig motiviert, was sich in ihrem zurückhaltenden Verhalten äußert. Es besteht der Verdacht auf Demenz im frühen Stadium.

Unter dem Schlagwort „Förderung der emotional-sozialen Kompetenz" zieht sich die Entwicklung einer positiven Beziehungsgestaltung zur eigenen Person und zu anderen Menschen als zentrale Aufgabe durch sämtliche pädagogische Arbeitsfelder. Auch die Unterstützung in der Ausbildung oder im Erhalten von motorischen Kompetenzen, verstanden als Handlungskompetenz und Ausdrucksmöglichkeit, bildet ein Kernthema vieler pädagogischer Aufträge.

In den einleitenden Fallbeispielen werden Menschen beschrieben, die Unterstützungsbedarf in einem oder beiden Bereichen haben und von einem pädagogischen Angebot zur Förderung von Beziehungs- und Bewegungskompetenz profitieren können. Obgleich das Sherborne-Konzept die Auseinandersetzung mit verschiedenen Aspekten der Beziehungsgestaltung ermöglicht wie kein anderes, ist es in Deutschland bisher eher unbekannt. In meinem Studium hatte ich das Glück, ein Seminar zu diesem bewegungspädagogischen Ansatz belegen zu können, der sich durch zwei Bausteine auszeichnet:

1. Eine von Rudolf v. Laban geprägte Bewegungsarbeit, in welcher Körper-, Bewegungs- und Raumerfahrung im Vordergrund stehen, und
2. die Beziehungsgestaltung zu anderen Personen im *Füreinander, Gegeneinander, Miteinander.*

Im Erleben und Reflektieren des Sherborne-Konzeptes wurde mir klar, dass es optimale Möglichkeiten bietet, um differenzierte Beziehungserfahrungen zu vermitteln. In anderen bewegungspädagogischen und –therapeutischen Methoden wird der Begriff der Beziehungsgestaltung, außerhalb von bindungstheoretischen Überlegungen, meist nicht explizit benannt. Verschiedene Ebenen wurden bereits mit den Kompetenzbereichen der frühen Psychomotorik angedeutet, die von Hölter (1993) für Therapiezwecke präzisiert wurden. In seinem Ansatz zu einer Methodik der Mototherapie mit Erwachsenen unterscheidet er zwischen der *Beziehung zur eigenen Person*, zur *Gruppe* und zu *Material und Umfeld*. Mit dieser Unterscheidung bietet Hölter eine Systematik, die sich ähnlich im Sherborne-Konzept wiederfindet, hier allerdings enger am Phänomen der Bewegung im interpersonalen Kontakt ausgearbeitet wurde.

Sherbornes Aufteilung in die drei Beziehungsdimensionen *Füreinander, Gegeneinander* und *Miteinander* erschien mir schon damals besonders einleuchtend und im Vergleich zu anderen Ansätzen, die den Bereich der Sozialerfahrung thematisieren, wesentlich differenzierter und in der Einfachheit brillant. Auch Labans Bewegungslehre, als Basis des Sherborne-Konzeptes, machte für mich sehr viel Sinn und bot eine wertvolle Ergänzung zu einer von mir oft als wenig am Phänomen der Bewegung wahrgenommenen Psychomotorik.

In meiner späteren bewegungstherapeutischen und –pädagogischen Tätigkeit stellte Sherbornes Konzept einen festen Bestandteil meines Methodenrepertoires dar. Wann immer das Thema „Beziehungsgestaltung" zu anderen Menschen und zur eigenen Person Therapie-, Förderziel oder Stundenmotiv wurde, griff ich auf die Idee von Sherborne zurück und erlebte, wie ich mithilfe der Bewegungsaktivitäten Beziehung in den drei Dimensionen strukturieren, erfahrbar machen und Entwicklung unterstützen konnte – und wie sich dabei eine positivere Selbstwahrnehmung meiner PatientInnen zu entwickeln schien.

Um das Konzept in den deutschen bewegungspädagogischen Methodenkanon zu etablieren, ist eine aktuelle deutschsprachige Bearbeitung mit einer theoretischen Fundierung, die über Labans Bewegungslehre hinausgeht, dringend notwendig. Mit diesem Buch versuche ich, diese Lücke zu schließen.

Dazu stelle ich zunächst das Konzept von Veronica Sherborne als eine beziehungsorientierte Bewegungspädagogik vor. Mit der Betonung des Beziehungsaspektes, für die sich auch Dirjack (1998) in seiner deutschen Übersetzung des Sherborne Buches entschieden hat, greife ich das für Sherborne zentrale Thema des „Relationship Play" als spielerische Beziehungsgestaltung in Bewegung auf und binde es in Theorien und Modelle aus der Bewegungs- und Sportpädagogik, Psychomotorik, Entwicklungspsychologie und Selbstkonzeptforschung ein.

Mit den Sherborne typischen Bewegungsaktivitäten werden sowohl Beziehungserfahrung zum „Ich", zum „Du" als auch zum „Wir" vermittelt. Das Verständnis von „Beziehung" ist in dieser Bearbeitung des Konzeptes also breit gedacht. Es bildet den Kern und gleichzeitig die übergeordnete Struktur:

1. Es beinhaltet die Beziehungsgestaltung zu anderen Menschen. Die Bewegungsaktivitäten zum *Füreinander, Gegeneinander und Miteinander* ermöglichen es, differenzierte Beziehungserfahrungen zu vermitteln. Wie Sherbornes Filme zeigen, arbeitete sie bereits in den 1980ern mit heterogenen Gruppen. Sie sah Unterschiede in den Fähigkeiten und Fertigkeiten der TeilnehmerInnen als Chance für die Entwicklung jedes einzelnen, die es zu nutzen und nicht zu vermeiden galt. Das Konzept verdeutlicht, neben den Möglichkeiten einer allgemeinen Förderung von Beziehungserfahrung und –kompetenz, wie der Anspruch eines inklusiven Miteinanders in Bewegung umgesetzt werden kann und zeigt sich damit anschlussfähig an die Diskussion zur Umsetzung der UN-Behinderten-

rechtskonvention in Bewegungs- und Sportpädagogik, Heilpädagogik, Sozialer Arbeit und Erziehungswissenschaften.

2. „Beziehung" bedeutet auch die Wahrnehmung der eigenen Person. Im Sherborne Konzept wird die Bedeutung einer guten Körper-, Bewegungs- und Raumwahrnehmung sowie Bewegungskontrolle betont. Diese ist notwendig, um sich an die Umwelt anzupassen, sie den eigenen Wünschen und Bedürfnissen entsprechend zu gestalten und sich ausdrücken zu können.

Neben diesen inhaltlichen Besonderheiten stellen sich zwei weitere Merkmale als wertvoll für die Praxis heraus:

a. ein weitgehender Verzicht auf spezifische Materialien und
b. die Unabhängigkeit von großen oder besonderen Räumen, was beides z.B. in der Psychomotorik und auch im Sportunterricht oft benötigt wird.

Ziel dieses Buches ist Sherbornes Konzept als eine theoretisch fundierte beziehungsorientierte Bewegungspädagogik vorzustellen und zu erweitern. Gleichzeitig soll es Fachkräften und Studierenden im pädagogischen Feld einen praxisnahen Zugang zum Konzept bieten.

Das Buch ist in vier Teile gegliedert. Am Anfang steht die Beschreibung der Kernelemente des Konzeptes. Zunächst wird Veronica Sherborne und die Eckpunkte ihrer Biographie vorgestellt. Im Anschluss erfolgt eine Darstellung der Laban-Bewegungsanalyse, die Sherborne zur Entwicklung ihres Konzeptes inspirierte. Anschließend werden Grundannahmen, Entwicklungsbereiche und Ziele benannt und die einzelnen Bausteine ausführlich erläutert. Die Zusammenfassung handlungsleitender Prinzipien und didaktischer Hinweise veranschaulicht die Umsetzung in die Praxis. Nachfolgend wird mit dem Abschnitt über Beobachtung als förderdiagnostischen Zugang die Relevanz zielgerichteter Beobachtung für die Stundenplanung dargestellt. Dabei bildet die Beschreibung der aus dem Konzept abgeleiteten Beobachtungsparameter die Basis für den Beobachtungsbogen, der als Download auf der Internetseite des Ernst Reinhardt Verlags unter www.reinhardt-verlag.de/de/downloads zur Verfügung steht und zur Dokumentation eingesetzt werden kann. Anmerkungen zum Stand der Forschung schließen diesen Abschnitt.

Im zweiten Kapitel nehme ich eine theoretische Anreicherung des Konzeptes vor. Sherborne beschreibt in ihrer vorwiegend praxisorientierten Veröffentlichung fast ausschließlich Labans Bewegungslehre als Grundlage und Ausgangspunkt. Inwieweit sie darüber hinaus theoretische Erkenntnisse aus Psychologie und Pädagogik einbezieht, bleibt unklar, auch wenn sich Hinweise zwischen den Zeilen herauslesen lassen. In den letzten Jahren wurden Verknüpfungen zu theoretischen Modellen von verschiedenen Fachleuten aus dem Feld der Bewegungspädagogik hergestellt, um das Konzept auf ein stabiles theoretisches Fundament zu setzen, so z. B. von Dirjack (1998) in seinem Vorwort zur deutschen Übersetzung mit einem entwicklungspsychologischen Fokus, Hill (2006) mit lerntheoretischem Bezug und Thornquist (2012) mit einer bewegungs- und physiotherapeutischen Perspektive.

Um das Sherborne-Konzept in den Rahmen einer erweiterten beziehungsorientierten Bewegungspädagogik einzubetten, nehme ich Bezug auf Überlegungen und Theorien zu *Bewegung* und *Beziehung*. Fruchtbare Anknüpfungspunkte ergeben sich meiner Ansicht nach zur Bewegungs- und Sportpädagogik, Psychomotorik, Entwicklungspsychologie und Selbstkonzeptforschung. Anschließend werden Möglichkeiten für den Einsatz des Konzeptes über die Lebensspanne und bei spezifischen Zielgruppen dargestellt.

Das dritte Kapitel bietet vielfältige Praxisanregungen und beinhaltet eine ausführliche Darstellung der Aktivitäten und Spiele zu den verschiedenen Bausteinen des Konzeptes.

Im vierten Kapitel werden Anwendungsbeispiele mit verschiedenen Zielgruppen beschrieben und kommentiert, um die Arbeit mit dem Konzept exemplarisch und praxisorientiert abzubilden.

Von der Idee bis zum Abschluss des Buchprojektes war es ein langer Weg, auf dem mich viele Menschen begleitet haben. Ich möchte mich als erstes bei den vielen Studierenden bedanken, die mich in Seminaren immer wieder bestätigt haben, dass das Sherborne-Konzept sinnvoll und im heil- wie sozialpädagogischen Kontext „gebraucht“ wird. Das Interesse und der sehr häufig geäußerte Wunsch nach geeigneter Literatur haben mich darin bestärkt, dieses Buch zu schreiben.

Ohne den Einsatz von Bettina Friedrich, Hannah M. Heine, Maike Hülsmann, Gabi Weiss und Ralf Werthmann wäre es nicht so geworden, wie es jetzt ist. Danke für kritisches Korrekturlesen, Fallbeispiele, geduldiges Zuhören und viele hilfreiche Anregungen, die das Buch besser gemacht haben.

Ein besonderer Dank gilt Gerd Hölter. Danke für die Impulse und Hinweise, die mich motiviert haben, genauer hinzuschauen und weiterzudenken, für die Hilfestellung beim Umgehen von Stolpersteinen – und die Bestärkung, „mein“ Buch zu schreiben.

Anschauliche Fotos machen dieses Buch lebendig und manche können zeigen, was sich nicht so leicht beschreiben lässt. Bei Gilda, Konstantin und Dirk Halemba, Annabell, Lilly und Oskar Dörr und die Studierenden meines Seminares „Beziehungsorientierte Bewegungspädagogik“ 2016/17 bedanke ich mich herzlich für die Bereitschaft, mit mir in die Turnhalle zu gehen, Aktivitäten auszuprobieren und sich dabei auch noch fotografieren zu lassen.

Und ohne Euch – Dirk und Tinusch – wäre das alles eh nicht möglich gewesen. Danke für eure aktive und emotionale Unterstützung!

1 Eine beziehungsorientierte Bewegungspädagogik nach V. Sherborne

Dieses Kapitel beginnt mit einer kurzen Biographie Sherbornes und der Vorstellung der Laban-Bewegungsanalyse. Anschließend werden Grundannahmen, Ziele, Bausteine des Konzeptes und Prinzipien skizziert sowie didaktisch-methodische Hinweise gegeben. Anmerkungen zur Beobachtung und zum Stand der Forschung schließen diesen Teil des Buches.

1.1 Biographisches

Veronica Sherborne lebte von 1922 bis 1990 in England. Als Studierende am Bedford College of Physical Education lernte sie in einem Workshop mit Rudolf von Laban und Lisa Ullmann, Labans Theorie der menschlichen Bewegung kennen. Nach seiner Immigration nach England im zweiten Weltkrieg entwickelte Laban gemeinsam mit seiner Schülerin Lisa Ullmann Überlegungen zur Unterstützung der Persönlichkeitsentwicklung durch die Ausbildung eines möglichst breiten Bewegungsrepertoires. Dies stellte für Sherborne eine neue Perspektive auf den menschlichen Körper, das Phänomen Bewegung sowie die bewegungspädagogische Arbeit mit Menschen dar. Die Erfahrung im Workshop mit der Arbeit von Laban und Ullmann beeindruckt sie tief, so dass sie sich nach mehreren Jahren der Berufstätigkeit als Sport-, Gymnastik- und Tanzlehrerin entschloss, bei Laban und Ullmann am *Art of Movement*-Studio zu studieren.

Sherborne übertrug Labans Bewegungslehre in ihre Tätigkeit als Ausbilderin von Pädagogen, Ergo-, Physio- und Sprachtherapeuten sowie Krankenschwestern auf die Arbeit mit Kindern mit und ohne Behinderung. Als Mutter von drei Kindern und als Praktikerin mit langjähriger Erfahrung entwickelte sie die Grundannahmen, die für ihr Konzept handlungsleitend wurden (Kap. 1.3).

Sherborne berichtet im Vorwort ihres Buches, wie sie begann, den Beziehungsaspekt in der Ausbildung von Sonderpädagogen zu betonen. Ihr Ziel war es damals durch Gruppen – und Partnerarbeit den Studierenden ein Gefühl von Sicherheit zu vermitteln und so eine gute Voraussetzung für Zusammenarbeit zu schaffen. Die Erkenntnis, dass nicht nur Erwachsene, sondern auch Kinder mit und ohne Beeinträchtigungen von den Sequenzen zur Beziehungsgestaltung profitieren können, motivierte Sherborne, ihr eigenes Konzept zu entwickeln. Die Bedeutung der frühen und unterstützenden Beziehungserfahrungen und deren Auswirkungen auf die Entwicklung der kommunikativen und sozialen Fähigkeiten, die sie als mehrfache Mutter selbst mit ihren Kindern erlebte, bilden das Fundament ihres Konzeptes. Dies wird ergänzt um die bedeutsame Rolle, die sie der Bewegung für die individuelle Entwicklung zuschrieb.

Sherborne wird als sehr charismatische Person und begnadete Lehrerin beschrieben, die eine besondere Fähigkeit hatte, Menschen anzusprechen, sie einzubeziehen und zu motivieren, selbst aktiv zu werden. Ihre Haltung war geprägt von einer grundlegenden Wertschätzung aller TeilnehmerInnen und ihrer Fähigkeiten. Die Bewegungsaktivitäten sah sie als Erfahrungsmöglichkeiten, als dynamische Prozesse des gemeinsamen nicht wertenden Lernens und Interagierens, und sie betonte immer wieder, dass sie nicht als festgelegte Übungen missverstanden werden dürfen.

Schon früh schrieb Sherborne Artikel über ihr Konzept, wählte aber vor allem die filmische Dokumentation, um ihre Arbeit sichtbar zu machen und zu zeigen, wie die Aktivitäten für Bewegungsstunden mit verschiedenen Zielgruppen eingesetzt werden können.

Mit ihrer Überzeugung, dass Menschen unterschiedlicher Entwicklungsniveaus und Fähigkeiten wunderbar miteinander spielen, sich bewegen und Spaß wie Erfolgserlebnisse haben können, war sie ihrer Zeit um einiges voraus. Denn lange vor der UN-Behindertenrechtskonvention und Überlegungen zu inklusiven Bewegungs- und Sportangeboten dokumentiert sie vor allem mit dem Film *„Gute Freunde" (1986)* in eindrücklicher Art und Weise, wie Bewegungsstunden mit heterogenen Gruppen zum Gewinn aller Beteiligten gelingen können. Erst 1990 brachte sie auf Drängen einiger SchülerInnen und KollegInnen kurz vor ihrem Tod ein Buch heraus, in welchem sie die Grundlagen ihres Konzeptes anschaulich und praxisorientiert beschrieb. Dieses liegt mittlerweile in englischer Sprache in der zweiten Auflage (Sherborne 2001) vor und wurde von Cristian Dirjack 1998 ins Deutsche übersetzt.

Mit einer der letzten Veröffentlichungen Daniel Sterns (2011) zu den Ausdrucksformen der Vitalität erfahren die Eckpfeiler des Sherborne-Konzeptes, die bewegte Interaktionserfahrung im Zusammenhang mit dynamischen Merkmalen des Bewegungsverhaltens, eine eindrucksvolle Anerkennung und Bekräftigung durch einen der bedeuteten Entwicklungspsychologen und Psychoanalytiker (Kap. 1.2).

Sherbornes Konzept ist heute international unter dem Namen *Sherborne Developmental Movement (SDM)* bekannt.

1.2 Die Laban-Bewegungslehre – Inspiration und theoretische Grundlage

Das Sherborne-Konzept basiert in Teilen auf der Bewegungslehre von Rudolf von Laban (1879 – 1958). Laban entwickelte als Kernstück seiner Arbeit eine Lehre der menschlichen Bewegung und ein Notationssystem (Perrottet / Laban 1995, Laban 2003), um Bewegung analysieren und ähnlich der Notenschrift erfassen und dokumentieren zu können. Mit seiner Arbeit gehört er bis heute zu den wichtigsten Bewegungstheoretikern unserer Zeit. Sein System bietet eine bisher einzigartige differenzierte Grundlage, um menschliche Bewegung erlebbar zu machen, sowie diese präzise und wertfrei zu beschreiben. Labans Schaffen vor dem zweiten Weltkrieg in Deutschland beeinflusste die Entstehung der Körperkulturwelle und die Entwicklung des *Ausdrucktanzes* und späteren *Modern Dance* maßgeblich. Zentren für Tanz und Bewegung gab es damals in jeder größeren Stadt in Deutschland. Nach seiner Immigration nach England entwickelte er, gemeinsam mit Lisa Ullmann, einer seiner Schülerinnen, pädagogische Überlegungen zur Bedeutung von Bewegung für die Persönlichkeitsentwicklung junger Menschen. Das Konzept des *Modern Educational Dance* (Laban / Ullmann 2003) fand zum damaligen Zeitpunkt große Anerkennung, insbesondere im Schulbereich. Bis heute existiert das Fach „Tanz" mit Laban-Elementen als Bewegungserziehung in englischen Grundschulen. In Deutschland ist die Laban-Bewegungslehre und -analyse vor allem in der Tanzausbildung und in der Tanztherapie (Willke et al. 2014) bekannt, z. T. auch in der klinischen Bewegungstherapie und als Methode der Bewegungsdiagnostik (Welsche et al. 2007a, 2007b). Aus Labans Ansatz entwickelten sich zwei sehr erfolgreich eingesetzte Verfahren der Bewegungsanalyse. Die *Movement Pattern Analysis* (Welsche et al. 2007c) wurde von Warren Lamb, einem Schüler Labans, entwickelt. Dieses Instrument ermöglicht die Analyse des Entscheidungsfindungsprozesses durch die Interpretation spezifischer Bewegungsmuster. Sie wird in erste Linie in der Management Beratung und im Karriere Coaching eingesetzt. Das *Kestenberg Movement Profil* (Koch 2009) basiert auf den Arbeiten der Psychoanalytikern Judith Kestenberg zur Beobachtung von Kleinkindern und deren Bewegungsmustern und wird für diagnostische als auch Forschungszwecke eingesetzt.

Unter dem Namen der *Laban-Bartenieff-Bewegungsstudien* (LBBS) besteht in Deutschland und international die Möglichkeit zur Ausbildung als BewegungsanalytikerIn (s. Anhang). Labans Lehre wurde hier um die *Bartenieff Fundamentels* ergänzt – ein Konzept der Körperarbeit, das von Irmgard Bartenieff, einer weiteren Schülerin Labans, entwickelt wurde. Die LBBS finden eine breite Anwendung in sämtlichen mit Körper und Bewegung befassenden Feldern, wie z. B. Tanz-, Theater- und Bewegungspädagogik, Physiotherapie, Sport- oder Musikpädagogik (Kennedy 2010).

In Deutschland wird Labans Bewegungsanalyse im Sport- und Bewegungswissenschaftlichen Kontext bisher nur vereinzelt aufgegriffen (z. B. Funke-Wieneke 2007) und weder in der bewegungs- noch sportpädagogischen Ausbildung systematisch gelehrt. In den skandinavischen Ländern gehört die Bewegungserziehung nach Laban hingegen zur Ausbildung von Grundschul- und Sportlehrern.

Die zu Sherbornes Zeiten in England bekannten Bewegungskategorien Labans wurden im amerikanischen *Institut of Laban / Bartenieff Movement Studies* weiterentwickelt. Das System besteht nun aus sechs Kategorien (Abb. 1).

Abb. 1: Kategorien der Laban-Bewegungsanalyse (angelehnt an Kennedy 2010)

Sherborne nutzte die zum damaligen Zeitpunkt in England gelehrten Kategorien: Körper, Raum und Antrieb. Sie betont, dass einzig mit Blick durch diese Brille Potentiale und Unterstützungsbedarfe festgestellt werden können. Auf diese Erkenntnisse aufbauend soll entschieden werden, welche Bewegungsinhalte bei welchen Klienten vermittelt werden.

Kategorie Körper

In dieser Kategorie zeigt sich, welche Körperteile in die Bewegung involviert sind. Dabei kann nicht nur der Einsatz einzelner Körperteile beobachtet, sondern auch nach Präferenzen für Körperhälften geschaut werden. Zudem wird deutlich, in welcher Abfolge die einzelnen Körperteile in die Bewegung einbezogen sind. Wirken z. B. beim Ziehen eines schweren Gegenstandes Arme, Beine und Körpermitte gleichzeitig oder versucht jemand erst mit den Armen zu ziehen und dann das eigene Körpergewicht einzusetzen? Darüber hinaus können durch Beobachtung Körperstrukturen und -organisationsformen erfasst werden. Im Sherborne-Konzept werden vor allem gewichtstragende Körperteile, Rumpf, Körperzentrum und Ganzkörpererfahrungen betont.

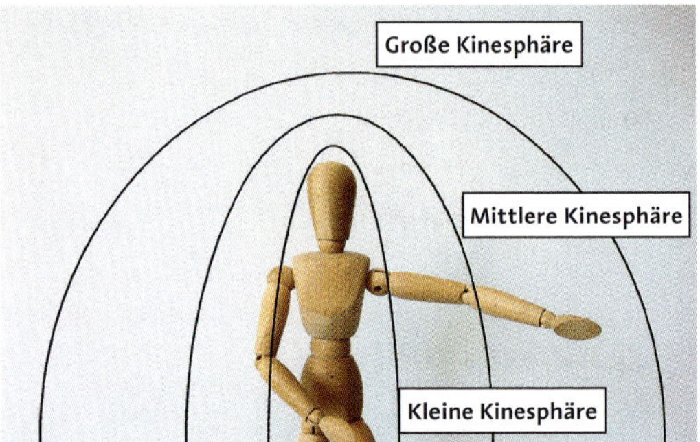

Abb. 2: Kinesphäre

Kategorie Raum

Bei Beobachtungen zu dieser Kategorie wird das Verhältnis der TeilnehmerInnen zu dem sie umgebenden Raum sichtbar. Laban unterschied ein-, zwei- und dreidimensionale Bewegungen. In den Sherborne-Aktivitäten werden vor allem eindimensionale Bewegungen in den grundlegenden Raumrichtungen hoch, tief, vor, zurück, rechts und links angeboten. Diese müssen beherrscht werden, um kontrollierte zwei- und dreidimensionale Bewegungen ausführen und so ein größeres Bewegungsrepertoire sowie sichere Bewegungsabläufe entwickeln zu können. Die Nutzung des persönlichen Raumes stellt eine weitere Komponente der Raum-Kategorie dar. Sind die Bewegungen grundsätzlich sehr raumgreifend und damit in der großen Kinesphäre, ist es wahrscheinlich, dass so der

41/S+I R-7B

persönliche Raum anderer TeilnehmerInnen „verletzt“ wird, was als unangemessen und grenzüberschreitend interpretiert werden kann. Wird primär die kleine Kinesphäre genutzt, obwohl viel Raum zur Verfügung steht, kann dies ein Hinweis auf Unsicherheit sein. In den Aktivitäten zur Raumwahrnehmung (Kap. 3.2) können die verschiedenen Zonen der Kinesphäre, die enge und körpernahe, die mittlere und die große, bewusst wahrgenommen und deren Gebrauch reflektiert werden (Abb. 2).

Kategorie Antrieb

In dieser Kategorie kann beobachtet werden, mit welcher energetischen Qualität die Bewegung ausgeführt wird. Laban unterscheidet vier Antriebsfaktoren: *Fluss*, *Zeit*, *Raum* und *Gewicht/Kraft* (Tab. 1), die kombiniert ein breites Ausdrucks- und Handlungsspektrum ermöglichen. Die Antriebsfaktoren sind zweipolig organisiert. Zwischen diesen Polen bewegt sich der Mensch nach Präferenz und Möglichkeit. Bewegungen bestehen meist aus mehr als einem Antriebsfaktor und bestimmte Antriebsfaktoren passen besonders gut zueinander (Affinitäten), wie anhand des Beispiels „Ballschießen“ deutlich wird: Dazu braucht es sowohl das direkte, kraftvolle als auch plötzliche Antriebselement. Bei besonders intensiven Bewegungen, wie z. B. bei einem wütenden Schlagen oder verträumten Tanzen, werden oft alle vier Faktoren eingesetzt. Die einzelnen Antriebsfaktoren werden in den folgenden Abschnitten kurz beschrieben, dabei werden die in der deutschen Literatur häufig gebrauchten Begriffe (Kennedy 2010) verwendet, die in Teilen von den Bezeichnungen in den älteren Laban-Übersetzungen und der Literatur zum Sherborne-Konzept abweichen.

Tab. 1: Antriebsfaktoren und die zugehörigen Elemente (angelehnt an Kennedy 2010)

Antriebsfaktor	Antriebselemente
Kraft	leicht – kraftvoll
Zeit	plötzlich – allmählich
Raum	direkt – indirekt
Fluss	gebunden – frei

Antriebsfaktor Fluss: Die Einstellung zur Kontinuität der Bewegung zeigt sich in der Beobachtung dieses Antriebsfaktors. Während im freien Fluss Bewegung ungebremst ausgeführt wird, ist sie im gebundenen Fluss kontrolliert und kann jederzeit gestoppt werden. Mit Beobachtungen zu diesem Antriebsfaktor kann geschaut werden, ob Bewegungen möglich sind, die frei und unkontrolliert – wie z.B. in einem Hüpfer oder Sprung – oder eher gebunden und kontrolliert sind wie z.B. beim Balancieren, Klettern oder Schreiben.

Antriebsfaktor Zeit: In dieser Kategorie wird deutlich, wie der Mensch in seinen Bewegungen den zeitlichen Faktor aufgreift. Dabei ist der Antriebsfaktor nicht mit der allgemeinen Geschwindigkeit oder dem Tempo einer Bewegung zu verwechseln. Gemeint ist stattdessen die Fähigkeit, zu beschleunigen und zu verlangsamen. Dabei kann beobachtet werden, ob Bewegungen plötzlich und beschleunigend ausgeführt werden können, wie z.B. beim erschreckten Zurückspringen oder beim Fangen eines Balles, der ohne Vorwarnung zugeworfen wird, und ob auch die Fähigkeit zur Verlangsamung vorhanden ist, die z.B. beim Anschleichen hilfreich ist.

Antriebsfaktor Raum: In der Antriebskategorie Raum kann beobachtet werden, mit welcher Qualität der Mensch sich im Raum bewegt. Können direkte und fokussierte Bewegungen ausgeführt werden, z.B. beim zielgerichteten Werfen oder Drücken, wie auch Bewegungen, die indirekt und umschweifend sind, wie z.B. beim Schlendern durch die Stadt, beim Verscheuchen einer Fliege, die irgendwo um einen Kopf schwirrt oder auch beim freien Tanzen? Laban verwendete den Begriff „flexibel“ statt „indirekt“. Der Antriebsfaktor Raum sagt nichts über die Raumrichtung aus und ist somit nicht mit der allgemeinen Kategorie Raum im Laban-System zu verwechseln.

Antriebsfaktor Gewicht oder Kraft: Die Bezeichnung dieses Antriebsfaktors und der dazugehörigen Elemente variiert je nach AutorIn oder ÜbersetzerIn. Laban (2003) benutzte den Begriff „Schwerkraft“ mit den Elementen „kraftvoll“ und „zart“. In der deutschsprachigen Literatur wird dieser Antrieb „Gewicht“ oder „Kraft“ (Kennedy 2010) genannt. Die zugehörigen Elemente werden als „kraftvoll“ und „leicht“ bezeichnet, während im Movement Pattern Analysis (MPA) (Welsche et al. 2007c) von „zunehmendem“ oder „abnehmendem Druck“ gesprochen wird. Bei aller Ähnlichkeit werden mit den verschiedenartigen Bezeichnungen unterschiedliche Nuancierungen der Bewegung deutlich, die in den Fachbüchern nicht immer erklärt werden. In Bewegungen mit Gewichts- oder Kraftantrieb zeigt sich die Fähigkeit, die eigene Kraft der Situation angemessen zu dosieren bzw. das eigene Gewicht einzusetzen. Verfügt der Mensch über ein breites Repertoire und kann kraftvolle Bewegungen (z. B. etwas stoßen, drücken oder schießen) wie leichte Bewegungen mit wenig Krafteinsatz (z. B. etwas streicheln oder etwas Zerbrechliches hochheben) ausführen? Sherborne (2001, 55) sieht die Beziehung zur Schwerkraft außerhalb der Antriebsfaktoren „Kraft", „Raum" und „Zeit" als eigenständige Kategorie. Sie beschreibt diese in Bewegungen, die mit der Schwerkraft sinken oder gegen die Schwerkraft angehen.

Ich habe mich entschieden, beide Aspekte wieder zusammenzuführen, da die Beziehung zur Schwerkraft in weiten Teilen dem Kraft- oder Gewichtsantrieb zugeordnet werden kann. Im Sherborne-Konzept ermöglichen verschiedene ganzkörperliche Aktivitäten die Erfahrung und Weiterentwicklung von Bewegungen, in welchen der Schwerkraft nachgegeben werden muss, wie z. B. beim Fallen, oder gegen die Schwerkraft bewegt wird, z. B. beim Springen. Häufig sind diese Bewegungen mit der Erfahrung des gebundenen und freien Flusses kombiniert.

Jeder Mensch zeigt unterschiedliche Präferenzen für einzelne Antriebselemente im Sinne eines persönlichen Bewegungsstils. Je nach Bewegungsexpertise können diese Präferenzen unabhängig von der Fähigkeit sein, sich im breiten Repertoire zu bewegen. Manche Menschen haben einen bestimmten Bewegungsstil, verfügen aber gleichzeitig über ein sehr breites Repertoire und können verschiedenen Anforderungen angepasst handeln. Bei anderen ist die Präferenz eher als Limitierung und Vermeidung von Antriebselemente zu bewerten. Ist dies der Fall, sind diese Menschen oft nicht in der Lage, ihre Bewegungen angemessen zu steuern, d. h. sie fassen zu fest zu, obwohl sie etwas Zerbrechliches in der Hand halten, sie müssten beim Balancieren vorsichtig und kontrolliert sein, bewegen sich aber eher plötzlich und fallen schnell runter.

Davon ausgehend, dass ein breites Bewegungsrepertoire Bestandteil der Handlungsfähigkeit und Ausdrucksmöglichkeit des Menschen ist, bildet sich ein Zusammenhang zwischen Antriebselementen und bestimmten Verhaltensweisen ab (Tab. 2). Vorsichtige Bewegungen gehen beispielweise mit dem leichten Antriebselement einher, während in zielstrebigen und fokussierten Handlungen ein direkter Raumweg zu beobachten sein wird. Um die eigene Handlung zu kontrollieren, ist der Einsatz des gebundenen Flusses notwendig und eine reaktionsschnelle Bewegung wird ohne plötzlichen Zeitantrieb nicht möglich sein.

Tab. 2: Zusammenhänge zwischen Antriebsfaktoren, Elementen und Verhaltensrepertoire

Kraft: leicht – kraftvoll	sanft und feinfühlig, aber auch fest und stark sein können
Raum: direkt – indirekt	fokussiert und zielstrebig sein, aber auch den Überblick behalten können
Fluss: gebunden – frei	sich selbst kontrollieren, aber auch sich hingeben können
Zeit: plötzlich – allmählich	reaktionsschnell, aber auch abwartend und gemächlich sein können

Auch wenn der Zusammenhang deutlich ist, kann eine symbolische Deutung des Auftretens oder Nicht-Auftretens von Antriebselementen nicht allgemeingültig vorgenommen werden, da die Bedeutung der Antriebselemente von der Situation und den persönlichen Bedingungen und Motivationen der Beteiligten abhängt. Allerdings ergibt sich durch diesen Zusammenhang die Möglichkeit, die Entwicklung einzelner Fähigkeiten und Fertigkeiten durch bestimmte Bewegungsangebote zu unterstützen.

Der renommierte Entwicklungspsychologe und Psychoanalytiker Daniel Stern greift in seinem Spätwerk die Bedeutung der dynamischen Bewegungsmerkmale in seinen Überlegungen zu den Ausdrucksformen der Vitalität auf. In der Vitalität manifestieren sich seines Erachtens die Lebendigkeit und auch die Anpassungsfähigkeit des Menschen.

DEFINITION

Stern (2011, 14) definiert **Vitalität** als die „Gestalt, die aus den theoretisch separaten Wahrnehmungen von Bewegung, Kraft, Zeit, Raum und Intention hervorgeht."

Sterns Definition zeigt deutliche Parallelen zu den Laban'schen Kategorien. Dies scheint nicht zufällig, da sich Stern in seiner Analyse der Vitalitätsformen in Musik, Tanz, Theater und Film direkt auf Laban und Warren Lamb bezieht.

In seinen Überlegungen zum Wesen und zur Relevanz der Vitalitätsformen betont Stern die Rolle der Bewegung für die Wahrnehmung der eigenen Vitalität und die der anderen Menschen. Damit befürwortet er ausdrücklich den entwicklungspsychologisch ursprünglich bewegungsgebundenen Zugang zu sich selbst und zu anderen, wie ihn das Sherborne-Konzept bietet. Die Analyse dieser „fundamentalsten aller gefühlten Erfahrungen […], wenn wir mit anderen ‚Menschen in Bewegung' zu tun haben" (Stern 2011, 19) sieht er als eine hochrelevante Informationsquelle für psychotherapeutische Prozesse, als Voraussetzung für das empathische Einfühlen, die Identifikation und damit auch für die Beziehungsgestaltung zwischen Menschen.

Um sich in die TeilnehmerInnen einzufühlen und eine angemessene Beziehungsgestaltung zu ermöglichen sowie um deren Bewegungsrepertoire wahrnehmen, einordnen und passende Förderangebote ableiten zu können, braucht es nun aber nicht nur die theoretische Kenntnis über unterschiedliche Bewegungsmerkmale, es braucht auch – oder vor allem – die praktische Erfahrung und Exploration des eigenen Bewegungsrepertoires. In einer Beschreibung des Status Quo der Psychomotorik bemerkt Hölter (2013) kritisch, dass dieser Aspekt seit den Anfängen des Diplomsportlehrers und engagierten Leibeserziehers E. J. Kiphard immer stärker zugunsten einer Interpretation des Bewegungsverhaltens vernachlässigt wird.

Insofern erfährt die Betonung einer aktiven Auseinandersetzung mit dem Phänomen der Bewegung, wenn diese Ansatzpunkte für pädagogische und/oder therapeutische Interventionen darstellen, mit Stern eine prominente Unterstützung, welche die Relevanz des Laban-basierten Sherborne-Konzeptes als Ergänzung des deutschen bewegungspädagogischen Methodenkanons stützt.

1.3 Grundannahmen, Ziele und Bausteine des Sherborne-Konzeptes

Das Sherborne-Konzept basiert auf verschiedenen Prämissen und Grundannahmen.

> *„Kinder müssen sich in ihrem Körper zu Hause fühlen können, um eine gute Körperbeherrschung zu erlangen und sie müssen fähig sein, Beziehungen zu gestalten" (Sherborne 2001, xiii, übers. M. W.).*

Sherborne formulierte, dass den verschiedenen Lernerfahrungen, die sie durch die Bewegungsaktivitäten ermöglichen möchte, zwei weitere Annahmen zugrunde liegen:

- *„Bewegungserfahrungen sind fundamental für die Entwicklung aller Kinder, aber wichtig für Kinder mit speziellen Bedürfnissen, welche häufig Schwierigkeiten in der Beziehungsgestaltung zu ihrem eigenen Körper und zu anderen Personen haben.*

– Bewegungserfahrung sollte für Kinder mit speziellen Bedürfnissen konzentrierterer und kontinuierlicherer angeboten werden als für nichtbehinderte Kinder" (Sherborne 2001, xiv, übers. M. W.).

Von diesen Annahmen werden übergeordnete Entwicklungsbereiche abgeleitet, welche durch die verschiedenen Bewegungsaktivitäten angesprochen werden können, und die sich, wie bei den meisten bewegungspädagogischen Konzepten, aus einer motorischen und einer persönlichkeitsfördernden Komponente zusammensetzen.

1. Die körperliche Entwicklung

Allen TeilnehmerInnen soll die Erfahrung ermöglicht werden, sich im eigenen Körper „zu Hause" zu fühlen. Durch die unterschiedlichen Aktivitäten können sie lernen, ihren Körper auf vielfältige Arten einzusetzen und zu steuern. Dabei werden sie angeregt, ein ausbalanciertes Bewegungsrepertoire zu entwickeln, um auf die verschiedenen Anforderungen des alltäglichen Lebens bestmöglich reagieren und Situationen für sich gestalten zu können. Die Ausbildung spezieller Fertigkeiten für einzelne Sportarten oder Aktivitäten spielt keine Rolle.

2. Die Entwicklung der Persönlichkeit

In und durch die Bewegungsaktivitäten können Selbstwert- und Identitätserfahrungen, sowie Zutrauen zu den eigenen Fähigkeiten vermittelt werden. In den Stunden wird die Bereitschaft, Initiative zu zeigen und kreativ tätig zu sein, gefördert. Mit der Beziehungsorientierung werden Lernmöglichkeiten gegeben, Sensibilität für Andere zu entwickeln, zu kommunizieren sowie positive Erfahrungen zu teilen. Die TeilnehmerInnen werden zudem unterstützt, sich auf das aktuelle Tun zu konzentrieren, ihre Aufmerksamkeit zielgerichtet zu lenken und aus der Bewegungserfahrung zu lernen. Dabei werden Erfahrungen von Erfolg und Erfüllung ermöglicht.

Ziele

Sehr häufig wird die Partnerarbeit genutzt, um durch die verschiedenen Formen der Beziehungsgestaltung in Bewegung folgende Ziele zu erreichen: *Selbstvertrauen*, *Körperkenntnis*, *körperliche* und *emotionale Sicherheit* sowie *Kommunikationsfähigkeit*. In der Partnerarbeit können TeilnehmerInnen mit ähnlichen Fähigkeiten aber auch mit unterschiedlichem Entwicklungsstand interagieren. In letzterer Form, die im Sherborne-Konzept „Co-Therapeuten Prinzip" genannt wird, begleitet ein reifer, körperlich stärkerer und belastbarer Partner, oft ein Erwachsener oder Jugendlicher, eine zu unterstützende Person, häufig ein Kind.

Selbstvertrauen

Durch das Einlassen auf und das Vertrauen in die körperliche Unterstützung eines Partners sollen die TeilnehmerInnen Sicherheit erfahren, um sich herausfordernden Situationen stellen zu können. Die vermittelten Erfolgserlebnisse im gemeinsamen Tun bieten die Grundlage von Selbstwirksamkeitserfahrungen und selbstwertsteigernden Prozessen. Der Zugewinn an Selbstvertrauen und Sicherheit soll den Menschen befähigen, in Interaktion die Initiative zu übernehmen und selbst aktiv werden zu wollen. Im Rollenwechsel erfährt der Hilfe stellende Partner, wie wertvoll seine Unterstützung – und damit er selbst – ist. Hier kann sich durch die Vergegenwärtigung und das direkte Erleben der eigenen Fähigkeiten in Aktion eine positive Entwicklung von Selbstbild und Selbstvertrauen einstellen. In einer Partnerkonstellation, in welcher beide ähnliche oder gleiche Voraussetzungen haben, können die Partner durch die Erfahrung des gegenseitigen Gebens und Nehmens Verantwortung annehmen, Vertrauen schenken und aufgrund der Erfolgserlebnisse, die sich so einstellen sollen, Selbstvertrauen aufbauen oder stabilisieren.

Körperkenntnis

Durch das gemeinsame Bewegen spüren beide Partner ihren Körper im Kontakt mit ihrem Gegenüber. So wird die Körperwahrnehmung intensiviert und die Entwicklung von Körperkenntnis kann unterstützt werden. Dabei liegt der Schwerpunkt auf der Vermittlung von Ganzkörpererfahrungen, die insbesondere durch die Betonung des Körperzentrums, der gewichtstragenden Körperteile, wie Knie und Hüfte, und der Beziehung zwischen den einzelnen Körperteilen erreicht werden soll. In den verschiedenen Partnersequenzen werden immer auch bestimmte Körperteile besonders deutlich spürbar. Gerade TeilnehmerInnen mit körperlichen Beeinträchtigung bekommen so die Möglichkeit, Körperwahrnehmungen zu haben, die ihnen von allein möglicherweise nicht zugänglich wären.

Physische und emotionale Sicherheit

Im Bewegungsgeschehen bildet sich der Zusammenhang zwischen körperlicher und emotionaler Unterstützung ab. Durch eine sensible körperliche Unterstützung soll nicht nur das Gefühl körperlicher sondern auch emotionaler

Sicherheit entstehen, im Sinne eines „ich fühle mich sicher, weil mein Partner auf mich aufpasst und mir hilft". Diese Beziehungserfahrungen sind für TeilnehmerInnen, die sich emotional und sozial unsicher fühlen, besonders bedeutsam. Insgesamt lassen sich fünf Aspekte des Sicherheitsgefühls unterscheiden, die in den Stunden aufgebaut werden sollen:

- Sicherheit im Umgang mit anderen TeilnehmerInnen
- Sicherheit im Umgang mit der AnleiterIn
- Sicherheit im Umgang mit dem Boden als Unterstützung
- physische Sicherheit aus dem Körperzentrum
- räumliche Sicherheit

Kommunikationsfähigkeit

Durch die verschiedenen Aktivitäten kann die nonverbale und verbale Kommunikation gefördert werden. Eine besondere Bedeutung hat dabei der Blickkontakt, der in vielen Aktivitäten Voraussetzung für ein gelingendes Miteinander ist. Dieser Blickkontakt zwischen den Partnern kann helfen, zielgerichtet zu handeln und sich auf das Wesentliche in der Bewegungsaktivität zu konzentrieren. Er kann auch emotionale Sicherheit vermitteln. Die nonverbale Kommunikation durch Körpersignale und Tonusveränderungen, wie z. B. Anspannung bei Angst oder Entspannung bei Wohlbefinden, ermöglicht einen Austausch zwischen den Partnern, der gerade für die Arbeit mit nicht lautsprachlich kommunizierenden Menschen besonders wertvoll ist. Durch die Aktivitäten wird außerdem die Möglichkeit der Sprachförderung als Wortschatzerweiterung gegeben. Insbesondere das Erlernen von Worten und ihrer Bedeutung für die Orientierung im Raum, wie z. B. die Präpositionen über oder unter etwas zu liegen, wird durch die bewegte Erfahrung, sich tatsächlich unter oder über einen Partner zu legen, vereinfacht.

Hill (2006) stellte in ihrem Buch „Communicating through Movement" das Sherborne-Konzept in den Kontext aktueller theoretischer Bezüge des sonderpädagogischen Diskurses in England. Sie greift Sherbornes Ausführungen auf und differenziert und ergänzt sie um weitere entwicklungsförderliche Aspekte und Ziele. Diese lassen sich anhand der grundlegenden Entwicklungsbereiche sensorisch, emotional, sozial, motorisch und kognitiv systematisieren und zusammenfassen (Tab. 3).

Tab. 3: Grundlegende Entwicklungsbereiche des Sherborne-Konzeptes

Entwicklungsbereich	entwicklungsförderliche Aspekte
sensorisch	• Körperwahrnehmung • räumliche Wahrnehmung
motorisch	• physische Fähigkeiten durch Exploration • körperliche Sicherheit
kognitiv	• Körperkenntnis • positives Selbstkonzept • Konzentration und Aufmerksamkeit
emotional	• Vertrauen in sich und andere • positives Selbstbild und Selbstwertgefühl • Sicherheit im Raum • Fähigkeit, sich als kreativ zu erleben • Fähigkeit, sich mit körperlichen Einschränkungen zu arrangieren
sozial	• Nächstenliebe und Einfühlungsvermögen • Verständnis für soziale Zusammenhänge • Kommunikative Fähigkeiten • Erfahrung positiver Aspekte von Beziehung

Bausteine des Konzeptes

Als Situationen des psychosozialen Lernens in Bewegung ermöglichen die Aktivitäten in der Mehrzahl sowohl Körper- und Bewegungserfahrungen als auch gezielte Beziehungserfahrungen.

Die Systematik der Beziehungsgestaltung habe ich für meine Bearbeitung des Sherborne-Konzeptes als strukturgebendes Element gewählt, da der Beziehungsaspekt das zentrale Merkmal und den Kern aller Bausteine darstellt. Die vermittelten Inhalte können unterschieden werden in

- der Beziehungserfahrung der eigenen Person als Körper- und Bewegungswahrnehmung, sowie Wahrnehmung des eigenen Körpers im Raum,
- der Beziehungsgestaltung zu anderen Menschen, differenziert in die drei Beziehungsdimensionen *Füreinander, Miteinander und Gegeneinander.*

Diese Aufteilung basiert auf dem Verständnis, dass in den meisten Aktivitäten Beziehungs-, Körper- Bewegungs- und Raumwahrnehmung miteinander verknüpft sind. Eine isolierte Besprechung der einzelnen Perspektiven wird der Komplexität des Geschehens wenig gerecht. Diese ist allerdings notwendig und sinnvoll, um eine möglichst differenzierte Betrachtung des bewegten Geschehens zu ermöglichen. In der Beschreibung der Aktivitäten und Spiele (Kap. 3) werden die verschiedenen Blickwinkel wieder zusammengeführt.

Beziehung zur eigenen Person

Die Beziehungsgestaltung zur eigenen Person kann durch drei Zugänge geschehen:

- Körperwahrnehmung – über Körpererfahrungen können Körperkenntnis und Bewegungskontrolle entwickelt werden.
- Bewegungswahrnehmung – über die Exploration verschiedener Bewegungsqualitäten kann ein breites Bewegungs- und damit Ausdrucks- und Handlungsrepertoire entwickelt werden.
- Raumwahrnehmung – über die Exploration des persönlichen und allgemeinen Raumes kann räumliche Sicherheit erlangt werden.

Diese drei Zugänge werden durch die emotionale Komponente der Selbstwahrnehmung ergänzt. In und durch die Bewegungs-, Körper-, Raum- und die Partnererfahrungen sollen die TeilnehmerInnen die Möglichkeit erhalten, eine positive Selbstwahrnehmung, Selbstwert und damit emotionale Stabilität zu entwickeln. Sie werden unterstützt, sich im eigenen Körper wohl, in den eigenen Bewegungen wie im Raum sicher zu fühlen.

Körperwahrnehmung: Die ganzheitliche Körperwahrnehmung, die Wahrnehmung des Rumpfes, der Körpermitte und der gewichtstragenden Körperteile wie Knie und Hüfte wird besonders betont. Sherborne ging davon aus, dass diese Körperpartien die Basis aller Bewegung darstellen und deshalb besonders beachtet werden sollten.

> *„Ist die untere Hälfte des Körpers gut ausgebildet, wird die obere Hälfte schon nach sich selbst schauen; die Entwicklung einer gut funktionierenden Basisstruktur ist von wesentlicher Bedeutung" (Sherborne 2001, 41, übers. M.W.).*

Mit Hilfe von *Ganzkörperbewegungen* kann den TeilnehmerInnen ein ganzheitliches Gefühl für den eigenen Körper vermittelt werden. Anders als beispielsweise im Sport- oder Gymnastikunterricht, wo der Schwerpunkt oft eher auf einzelne Körperregionen in Bewegung liegt, wie z. B. beim Werfen und Fangen mit Fokussierung der Auge-Hand Koordination, kann durch Aktivitäten wie Rollen, Hüpfen, Springen, Rutschen oder Schaukeln der gesamte Körper in Bewegung erlebt werden. In diesen Bewegungsformen werden darüber hinaus der freie Bewegungsfluss und der Umgang mit dem eigenen Körpergewicht und der Schwerkraft gefördert.

Beispiel 1: Die TeilnehmerInnen bekommen den Vorschlag, sich um ihre eigene Achse durch den Raum zu rollen. Sie strecken ihre Arme aus und brauchen etwas Schwung, um rollen zu können. In dem Moment des fließenden Rollens kommt es zum Erleben des freien Flusses. Können die TeilnehmerInnen der Schwerkraft nachgeben und die Bewegungskontrolle lösen, stellt sich eine rollende Bewegung durch den Raum oft von selbst ein.

BEISPIEL

Abb. 3: Krosslaterale Bewegungen

Nach Sherborne haben solche Ganzkörperbewegungen harmonisierende Effekte auf die emotionale Befindlichkeit des Menschen.

In Aktivitäten zur *Rumpfwahrnehmung* kann in die Wahrnehmung der vorderen Körperseite mit Brustkorb und Bauch und in die Rückenseite unterteilt werden. Das Beispiel „Rollen" (Beispiel 1) verdeutlicht neben der Möglichkeit der ganzkörperlichen Wahrnehmung auch, wie die Wahrnehmung der Vor- und Rückseite des eigenen Körpers betont und unterstützt werden kann. In der Rumpfwahrnehmung kann zwischen der Fokussierung lateraler Bewegungen (Beispiel 2) und rotierender Bewegungen (Beispiel 3) unterschieden werden, um diesen Körperbereich zu spüren und die Flexibilität zu fördern.

Beispiel 2: Die TeilnehmerInnen liegen auf dem Boden und versuchen sich auf dem Bauch rutschend wie eine Echse vorwärts zu bewegen. Dazu schieben und ziehen sie mit Händen, Knien und Füssen. Durch die krosslaterale Bewegung (Abb. 3) entsteht eine windende Bewegung, in welcher die Wirbelsäule seitlich konkav und konvex gebogen ist. In dieser Bewegung ist es besonders leicht, Blickkontakt zu gestalten.

BEISPIEL

BEISPIEL

Beispiel 3: Alle sitzen in einer Reihe und klatschen mit dem hinteren Partner ab (oder geben einen Ball weiter), dabei soll Blickkontakt aufgenommen werden. In dieser Bewegung wird die Rotation der Wirbelsäule spürbar. Als Imaginationshilfe in freien Bewegungen eignen sich Tierbilder wie eine Eule, die ihren Kopf um 270 Grad drehen kann, oder ein Käfer, der auf dem Rücken liegt und versucht sich ohne die Hilfe von Händen und Füßen umzudrehen.

Die *Wahrnehmung des Körperzentrums* kann mit der Aktivität des Kleinmachens betont werden (Beispiel 4). Diese dient der Zentrierung und besseren Koordination der Bewegung, da die Verbindung peripherer Körperteile zur Körpermitte aktiviert wird. Bewegungen werden stabiler und besser kontrollierbar und die Atemunterstützung wird erleichtert.

BEISPIEL

Beispiel 4: Die TeilnehmerInnen wechseln von der Echse zur Schildkröte, die sich bei lauten Geräuschen oder einer Berührung zusammenzieht. Auch wenn sie schläft, zieht sie Beine und Arme eng an sich und macht sich unter ihrem Panzer ganz klein. Manchmal sonnt sie sich auf einem warmen Stein und streckt dabei alle Glieder weit von sich, bis sie zu einem anderen Stein gehen möchte.

Die Betonung der *gewichtstragenden Körperteile* lässt sich mit deren Bedeutung für die Fortbewegung, zum Rennen, Springen, Klettern, Aufstehen und Hinsetzen erklären (Abb. 4). In den Beispielen 2 und 4 wird neben der Rumpfwahrnehmung auch die Wahrnehmung der Knie und Hüfte unterstützt. Ebenso können Laufspiele zur Wahrnehmungsförderung eingesetzt werden (Beispiel 5).

BEISPIEL

Beispiel 5: Alle Kinder laufen durch den Raum und machen unter dem Motto „Besuch im Zoo" Gangarten von Tieren nach, in welchen besonders die Knie und die Hüfte betont werden, z.B. den Frosch, der aus der Hocke springt, das Känguru, das im Stehen springt, die Echse oder das Krokodil, das mit Armen, Ellbogen und Knien über den Boden kriecht.

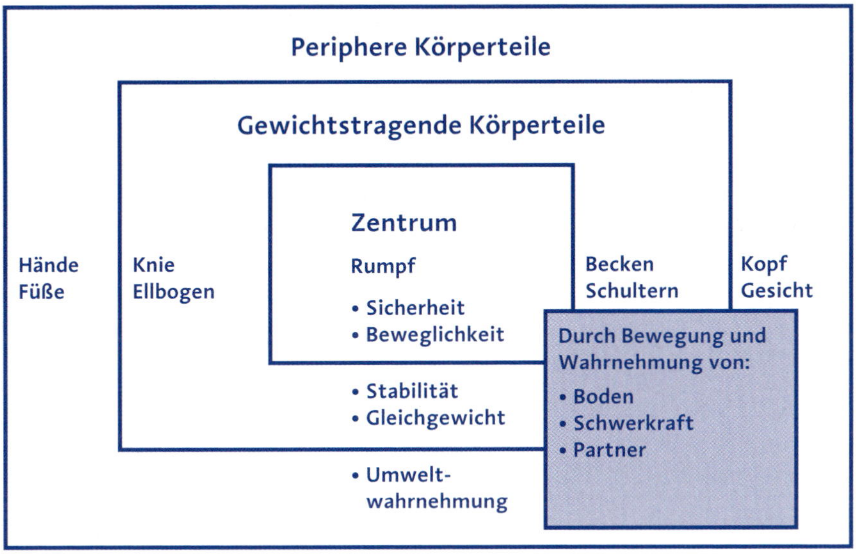

Abb. 4: Bewusst werden des eigenen Körpers (angelehnt an Belgische Sherborne Vereinigung 1994 zitiert nach Daems et al. 2012, 32)

Bewegungswahrnehmung: Die Entwicklung eines möglichst breiten ausbalancierten Bewegungsrepertoires ordne ich der Beziehungsgestaltung zur eigenen Person zu. Aktivitäten zu diesem Bereich sollen motivieren, Bewegungen mit verschiedenen Qualitäten auszuprobieren, sich zwischen den beiden Polen eines Antriebsfaktors zu bewegen und diese zu explorieren (Beispiel 6). So kann ein breiteres Bewegungsrepertoire entwickelt werden.

Beispiel 6: Den TeilnehmerInnen wird eine Bewegungsgeschichte erzählt, in welcher die verschiedenen Bewegungsqualitäten angeboten werden. So kann eine Katze auf Mäusejagd gehen, sie schleicht herum und sucht eine Maus (indirekt, allmählich, gebunden), sieht eine Maus (direkt), schleicht sich an (allmählich, gebunden, direkt) und versucht sie zu packen (plötzlich, direkt, kraftvoll).

BEISPIEL

Bewegungsqualitäten sind Bestandteile jeder Bewegung. Durch die Auswahl der Aktivitäten wird die Auseinandersetzung mit unterschiedlichen Antriebselementen gefördert. Im Wiegen wird beispielsweise der „freie Fluss" erfahrbar. Ohne den „freien Fluss" ist eine hingebungsvolle, fließende und wiegende Bewegung, in welcher der gehaltene Partner sein Körpergewicht an den unterstützenden Partner abgibt, nicht möglich. Die Gegeneinander Aktivität „Rücken an Rücken“ unterstützt den Einsatz des „kraftvollen“ Antriebes, da nur durch den Einsatz von Kraft der Partner geschoben werden kann, und auch des „direkten“ Antriebs, so dass ein zielgerichtetes Schieben erfolgt. Ob der Zeitantrieb erfahrbar wird, hängt von den Präferenzen der ausführenden TeilnehmerInnen ab. Manche wollen gerne plötzlich schieben und so den Partner überraschen, andere schieben langsamer. Außerdem wird der „gebundene Fluss“ hilfreich sein, um die Bewegung, die zu einem bestimmten Ziel führen soll, zu kontrollieren. Manchmal ist aber auch der eher „freie Fluss“ zu beobachten, wenn Partner so viel Kraft und Zeit einsetzen, dass sie sich gegenseitig umwerfen und der Fall nicht kontrolliert und abgefangen wird.

Raumwahrnehmung: Einen weiteren Baustein der Beziehungsgestaltung zur eigenen Person bildet die Wahrnehmung des persönlichen und des allgemeinen Raumes.

Der persönliche Raum kann in die kleine, mittlere und große Kinesphäre unterteilt werden, dabei beschreibt die kleine Kinesphäre den engen Raum, in welchem sehr körpernahe Bewegungen ausgeführt werden. Dies kann das Verschränken der Arme oder Beine sein, aber auch andere Bewegungen und Gesten, die nah am eigenen Körper ausgeführt werden. Die mittlere Kinesphäre beschreibt den Raum, in dem der Mensch sich meist bewegt. Die große Kinesphäre wird durch Bewegungen ausgefüllt, in welchen der äußerste Rand des persönlichen Raumes erreicht wird. Dies geschieht z.B., wenn mit ausgestrecktem Arm auf etwas gezeigt oder mit den Füssen Schwung geholt und etwas weit weg getreten wird. Zur Kinesphäre gehört auch die Wahrnehmung der verschiedenen Seiten, vorn und hinten, rechts und links, oben und unten und damit die Richtungen, in welche sich die TeilnehmerInnen bewegen. Angebote zur Exploration der verschiedenen Raumrichtungen und Kinesphären sollen die Entwicklung eines sicheren Raumgefühls unterstützen (Beispiel 7).

Abb. 5: Exploration verschiedener Raumrichtungen

BEISPIEL

Beispiel 7: Zwei Partner stehen oder sitzen sich gegenüber. Sie halten die Handflächen locker gegeneinander. Ein Partner übernimmt die Führung und bewegt die Hände und Arme durch den eigenen Raum, der andere Partner spiegelt die Bewegung und hält Kontakt über die Hände. Mal gehen die Bewegungen in die große Kinesphäre, mal in die kleine. Alle Raumrichtungen werden ausprobiert (Abb. 5). Der jeweils führende Partner achtet darauf, dass die gewählten Raumrichtungen auch für den folgenden Partner angenehm auszuführen sind und er leicht folgen kann. Nach einer Weile erfolgt ein Partnerwechsel.

Beziehungsgestaltung zu Anderen

Drei Dimensionen werden in der Beziehungsgestaltung zu anderen TeilnehmerInnen unterschieden:

- *Füreinander oder Caring-Beziehungen* – hier sind Beziehungssituationen gemeint, in welchen ein Partner einen anderen unterstützt oder umsorgt.
- *Gegeneinander oder Against-Beziehungen* – diese Art der Beziehungsgestaltung ist durch den Einsatz von Kraft gegen jemand anderen gekennzeichnet, sei es um Widerstand zu leisten oder um sich durchzusetzen.
- *Miteinander oder Shared-Beziehungen* – diese Bezeichnung umschreibt eine Beziehungsgestaltung, in welcher beide Partner ein Miteinander in der Aktion erleben und in der Bewegungsaktivität voneinander abhängig sind.

Füreinander oder Caring-Beziehungen: Die *Füreinander-Beziehung* zeichnet sich durch den fürsorglichen Umgang eines Menschen mit seinem Partner aus. Diese Beziehungsdimension kann durch verschiedene Aktivitäten erfahren werden, die je nach Partnerkonstellation und individuellen Bedingungen der Partner (Alter, Unterstützungsbedarf) angeboten werden können. Die einzelnen Aktivitäten können einen ruhigen, entspannenden (Beispiel 8) oder einen aktivierenden Charakter (Beispiel 9) haben. So kann ein Partner den anderen z. B. wiegen oder beim Rollen, Schaukeln, Springen oder Balancieren unterstützen. Ziel dieser Aktivitäten ist die Entwicklung von körperlicher und emotionaler Sicherheit durch die körperliche Unterstützung des Partners. Im Rollenwechsel wird das Erleben von Kompetenz in der Unterstützung anderer ermöglicht.

BEISPIEL

Beispiel 8: In dieser „Füreinander"-Situation trägt und wiegt ein Teilnehmer seinen Partner auf dem Rücken. Die emotionale Komponente dieser Situation ist deutlich sichtbar. Der getragene Partner liegt entspannt und sicher. Dabei wird die Bewegungsqualität des freien Flusses erlebbar, da das gemeinsame Wiegen eine fließende, beruhigende und harmonisierende Qualität darstellt (Abb.6). Der wiegende Partner wird darauf achten, mit der Bewegung nicht zu überfordern, sondern ein Schaukeln zu initiieren, das vom dem getragenen Partner als angenehm empfunden wird.

Abb. 6: Füreinander-Situation

BEISPIEL

Beispiel 9: Bei dem „Flieger" unterstützt ein Partner den anderen körperlich. Er ermöglicht dem fliegenden Partner die herausfordernde Situation zu meistern, sich anzuvertrauen und eine neue räumliche Perspektive zu erfahren (Abb. 29). Der Blickkontakt unterstützt die Steuerung der Aufmerksamkeit und die emotionale Sicherheit.

Diese beiden Aktivitäten stehen exemplarisch für die *Füreinander-Beziehung*, in welcher ein Partner körperlich gehalten oder unterstützt wird. Ist ein Rollenwechsel möglich, dann sollte dieser angeboten werden, so dass sich beide Partner in der unterstützenden und der unterstützten Rolle erleben. Aus den Zielen, die aus der Perspektive des unterstützten Partners abgeleitet werden, ergeben sich wertvolle Erfahrungen für den Partner, welcher Unterstützung bietet. Er kann sich als kompetent und wertvoll erleben, da seine Unterstützung angenommen wird und der andere Partner ihm Vertrauen schenkt. Neben der Erfahrung „Ich bin es wert, unterstützt zu werden" steht mit dem Rollenwechsel die Erfahrung: „Ich bin kompetent und kann unterstützen".

Gegeneinander oder Against-Beziehungen: Die *Gegeneinander-Beziehung* zeichnet sich durch ein Kräftemessen aus, in welchem ein Partner den anderen in der Wahrnehmung der eigenen Kraft unterstützt. Hier steht die (Wieder-)Entdeckung von Selbständigkeit, Abgrenzung, Kraft und Individuation im Vordergrund. In der Co-Therapeuten Konstellation ermöglicht der Unterstützung gebende Teilnehmer seinem Partner die Erfahrung, Kraft und Energie zu haben, indem er in spielerischer und humorvoller Art und Weise den vollen Krafteinsatz seines Gegenübers herausfordert und fördert. Der unterstützende Teilnehmer investiert immer nur so viel Kraft, wie sein Partner braucht, um die eigene Kraft dagegen zu setzen. So wird der Unterstützung annehmende Teilnehmer motiviert, seine Kraft zu nutzen und sollte Erfolg erleben, d. h. „gewinnen", wenn er all seine Energie eingesetzt hat. Das Ziel der Aktivitäten zu dieser Beziehungsdimension liegt darin, die TeilnehmerInnen darin zu unterstützen, die eigene Energie und Kraft zu entdecken, diese zielgerichtet einzusetzen und Durchsetzungsvermögen zu entwickeln.

In den Partneraktivitäten zum *Gegeneinander* können Sequenzen nach unterschiedlicher Rollenverteilung unterschieden werden. In einigen Aktivitäten verfolgen beide Partner dasselbe Ziel, führen dieselbe Handlung aus und haben so dieselbe Rolle. Dies ist zum Beispiel in der Aktivität „Rücken an Rücken" der Fall (Beispiel 10).

Abb. 7: Rücken an Rücken

Beispiel 10: Beide Partner sitzen mit den Rücken zueinander. Sie haben die Füße auf dem Boden aufgestellt und versuchen sich gleichzeitig Rücken an Rücken wegzuschieben (Abb. 7). Die Kraft sollte aus der Körpermitte und der Verankerung der Füße auf dem Boden kommen. Falls notwendig, können die Partner auch mit den Händen unterstützen. Der Po bleibt in der Aktivität auf dem Boden, der rutschig genug sein sollte.

BEISPIEL

Eine unterschiedliche Rollenverteilung liegt dann vor, wenn die Partner andere Ziele und Rollen haben, wie es beispielsweise bei der Aktivität „Fest wie ein Stein" (Beispiel 11) beschrieben ist.

BEISPIEL

Beispiel 11: Ein Partner setzt sich auf den Boden und versucht einen stabilen Stand zu finden. Die Knie sind angewinkelt, die Füße und Hände aufgestellt. Der andere Partner fordert ihn nun durch erst leichtes und dann langsam zunehmendes Schieben und Drücken an verschiedenen Körperteilen dazu heraus, dem Druck zu widerstehen und die Position zu halten (Abb. 31). Das Ziel ist keinesfalls, den Partner umzuwerfen, sondern zu seinem individuellen maximalen Krafteinsatz herauszufordern, dann nachzugeben und so ein Erfolgserlebnis zu vermitteln. Geschoben oder auch gezogen wird vor allem an stabilen Körperteilen wie der Schulter und der Hüfte. Gegen Knie oder Ellbogen sollte nicht gedrückt werden, da diese schnell nachgeben. In dieser Aktivität gibt es die Rolle des Herausforderers (aktiv) und die des Widerstandleistenden (passiv).

Haben die Partner dieselben Voraussetzungen, kann in den *Gegeneinander-Situationen* schnell eine Wettbewerbssituation entstehen. Die Gelegenheit wird zum Kräftemessen genutzt, das möglicherweise nicht immer fair abläuft, wenn das Thema „Gewinnen und Verlieren" im Vordergrund steht. Die aktiv/passiv Aktivitäten im *Gegeneinander* bieten die Möglichkeit eines verhältnismäßig kontrollierten Geschehens in einer dynamischen und potentiell kämpferischen Auseinandersetzung. Durch die fehlende direkte Auseinandersetzung im Sinne eines Aktion-Reaktion Geschehens – der Partner im Vierfüßler soll die Position nicht verlassen und darf „nur" gegendrücken, aber nicht selbst tätig werden – wird die Gefahr einer Eskalation im Vergleich zu einer aktiv/aktiv Situation deutlich reduziert. Gerade in der Heranführung an *Gegeneinander-Aktivitäten* kann es Sinn machen, mit der *aktiv-passiv-Rollenverteilung* zu beginnen, wobei immer ein Rollenwechseln stattfinden sollte. Durch diesen können die unterschiedlichen Perspektiven verdeutlicht werden. Dieser Perspektivenwechsel kann hilfreich sein, um das freudvolle Erleben der eigenen Kraft in spielerischer Atmosphäre in den Vordergrund der Aktivität zu setzten – und nicht das „Gewinnen und Verlieren". In einer Gesprächsrunde sollte mit den TeilnehmerInnen die Regel erarbeitet werden „Ich verhalte mich so zu Dir, wie Du Dich zu mir verhalten sollst", so dass ein verantwortungsvolles Miteinander vorbereitet wird. Mit zunehmendem Vermögen zu Anpassung und Selbstkontrolle können dann aktiv/aktiv Sequenzen aufgenommen werden.

Gerade für Menschen, die Schwierigkeiten in der Konzentration und zielgerichteten Aufmerksamkeit haben, bieten diese Aktivitäten die Möglichkeit, durch die Fokussierung der Kraft (direkter Raumantrieb), Konzentration und zielgerichtete Aufmerksamkeit zu üben. Mit Erfahrung und Übung kann die Kompetenz zur Aufmerksamkeitssteuerung dann auf andere Situationen übertragen werden.

Miteinander oder Shared-Beziehungen: In dieser Form der Beziehungsgestaltung steht die Erfahrung der gegenseitigen Unterstützung und Abhängigkeit in Bewegung und im direkten Körperkontakt im Vordergrund. Dies wird z. B. durch Balanceaktivitäten ermöglicht, in welchen jeder seine stabile Position aufgeben muss, um eine gemeinsame Stabilität zu ermöglichen, wie es in der „Fußkerze" der Fall ist (Beispiel 12).

BEISPIEL

Beispiel 12: In der „Fußkerze" rutschen beide Partner auf Po und Rücken so nah aneinander heran, dass sie sich mit den Füßen in die Höhe drücken können (Abb. 8). Die Hände sind fest auf dem Boden verankert und stabilisieren die Position. Das Körperzentrum muss angespannt sein, um sich in die Höhe drücken zu können.

In diesem Beispiel schauen sich die Partner nicht an und müssen daher über die Körperwahrnehmung miteinander kommunizieren. In anderen *Miteinander-Situationen* bildet der Blickkontakt eine wichtige Informationsquelle, um zu erfahren, wie es dem anderen geht, was er tut und wie die eigene Bewegung auf den Partner abgestimmt werden muss. Auch vermittelt der Blickkontakt in besonderer Weise emotionale Sicherheit, wie in dem Beispiel des „Ruderbootes" (Beispiel 13).

Abb. 8: Fußkerze

BEISPIEL

Beispiel 13: Die Partner sitzen sich mit gegrätschten Beinen gegenüber, wobei ein Partner seine Beine über die des anderen legt. Beide halten sich an den Händen oder Handgelenken fest. Nun gibt ein Partner sein Körpergewicht ab und lässt sich Richtung Boden sinken. Diese Bewegung zieht den anderen Partner nach vorn. Dieser versucht dann, sich aufzurichten und seinerseits seinen Rücken auf den Boden abzulegen, was den noch liegenden Partner langsam in eine sitzende Position ziehen wird (Abb. 9). So bewegen sich beide durch ihr Körpergewicht miteinander vor und zurück.

Abb. 9: Ruderboot

In beiden Aktivitäten kommt es zu einem zielgerichteten und kontrollierten Bewegungsfluss, bei welchem sich die TeilnehmerInnen den Bewegungen des Partners anpassen. Die gegenseitige Abhängigkeit fördert die Wahrnehmung des Anderen, die Fokussierung der Aufmerksamkeit auf die Aktivität und die Bereitschaft zur Kooperation. Sie erfordert und übt die Fähigkeit, auf den Partner zu achten. Der Blickkontakt, der sich meist von selbst einstellt, unterstützt die Konzentration und Kooperationsfähigkeit.

Wird diese Aktivität im Co-Therapeuten Prinzip durchgeführt, sollte der unterstützende Teilnehmer die Kontrolle über die Situation haben, um Sicherheit vermitteln zu können. Gleichzeitig sollte er im richtigen Moment seine eigene Abhängigkeit deutlich machen und zulassen, um seinem Partner die Erfahrung zu bieten, selbst unterstützen zu können. Der Blickkontakt kann in dieser Konstellation die notwendige Sicherheit vermitteln, die es braucht, um die eigene stabile Position aufzugeben und das Wagnis einzugehen, sich auf den Partner zu verlassen.

In den *Miteinander-Aktivitäten* kann in besonderer Weise eine Steigerung des Selbstwertes durch die Erfahrung des gegenseitigen Gebens und Nehmens in einer Bewegungsaktivität gefördert werden. Für einige Menschen stellt diese Form der Beziehungsgestaltung die größte Herausforderung dar, weil Vertrauen in sich und den Partner sowie die Fähigkeit, sich in den anderen einfühlen zu können Voraussetzung für eine gelingende Kooperation sind (Tab. 4). Werden *Miteinander-Aktivitäten* für TeilnehmerInnen mit ähnlichen Voraussetzungen angeboten, sollten diese Fähigkeiten zumindest in Ansätzen vorhanden sein, um eine Überforderungssituation zu vermeiden und Erfolgserlebnisse zu ermöglichen. Eine enge Begleitung durch die AnleiterIn kann unterstützend wirken.

Tab. 4: Übersicht zu den Charakteristika und Zielen der Beziehungsdimensionen (angelehnt an Belgische Sherborne Vereinigung 1994; zitiert in Daems et al. 2012, 48)

Beziehungs-dimensionen	Charakteristika	Ziele
Füreinander	Blickkontakt	Vertrauen, Aufmerksamkeit, Fokus
	Gewicht abgeben	Vertrauen, Entspannung
	Gewicht abgeben	Selbstvertrauen, Kompetenzerleben
Gegeneinander	Kraft, Entschlossenheit	Selbstsicherheit, Selbstwirksamkeit
	Zielgerichtete Körperenergie	Konzentration, Aufmerksamkeit, Fokus
	Kontrolle der Körperenergie	Sensibilität, Empathie
Miteinander	Teilen der Körperenergie	Zusammenarbeiten
	Zielgerichtete und kontrollierte Körperenergie, Blickkontakt, Gewicht abgeben/aufnehmen, Verantwortung	Vertrauen, Selbstvertrauen, Selbstsicherheit, Selbstwirksamkeit, Konzentration, Aufmerksamkeit, Sensibilität, Empathie

4 in 1 – Verknüpfung von Körper-, Bewegungs-, Raum- und Beziehungserfahrung

Die Verknüpfung der verschiedenen Bausteine in einer Bewegungsaktivität stellt ein charakteristisches Merkmal des Konzeptes dar. Anhand des Beispiels 10 (Kap. 1.3) lässt sich dies beispielhaft verdeutlichen. In der „Rücken an Rücken“-Aktivität befinden sich die Partner im *Gegeneinander*. Sie können ihre eigene Kraft und Widerstandsfähigkeit erfahren. Gleichzeitig werden die

Bewegungsqualitäten „kraftvoll“, „direkt“ und „gebundener Fluss“ durch das Drücken und Schieben gegen den Rücken des Partners gefördert. Auch der Antriebsfaktor Zeit mit den Elementen „plötzlich“ und „allmählich“ kann mit der Strategie, wie der andere weggedrückt wird, wahrgenommen werden. Ebenso werden die mittlere Kinesphäre, die untere Raumebene und die Bewegungsrichtungen „vor und zurück“ genutzt. In der Körperwahrnehmung wird der Rumpf und besonders der Rücken, aber auch das Körperzentrum spürbar, da hier Anspannung und eine gute Verbindung zu den Füßen und den Händen notwendig sind, um Kraft zu entwickeln. Darüber hinaus können die Knie deutlich wahrgenommen werden, da die Kraft im Wegdrücken der Füße über die Knie geleitet wird.

Meist werden Wahrnehmungsimpulse zu allen vier Bereichen vermittelt. Abhängig von der individuellen Zielsetzung können allerdings unterschiedliche Erfahrungen betont werden.

1.4 Pädagogische Prinzipien und didaktische Hinweise

Verschiedene grundlegende Prinzipien sollten für die Planung und Gestaltung der Stunden berücksichtigt werden, um die Ziele zu erreichen. Im Folgenden werden hilfreiche allgemeine und zielgruppenspezifische didaktische Hinweise zur Stundengestaltung formuliert.

Prinzipien

Präsenz und Gemeinschaftsgefühl: Alle TeilnehmerInnen sollen sich als Teil der Gruppe und des Gruppengeschehens wahrnehmen können. Gemeinsame Erfahrungen werden ermöglicht und betont. In der Gruppe sind alle beteiligt, egal ob TeilnehmerIn, AnleiterIn oder UnterstützerIn (bei Menschen mit schweren Beeinträchtigungen). Gesprächsrunden sollten im Kreis stattfinden, um die Gemeinschaft zu betonen. Innerhalb der Bewegungsaktivitäten werden die Rollen gewechselt, so dass alle TeilnehmerInnen, auch die deutlich eingeschränkten, sich als Unterstützende erleben können, wo möglich (wiegen o. ä.). Die Haltung, die verbale Begleitung und das Verhalten der AnleiterIn reflektieren die Anerkennung der Bewegungsstunden als besondere Momente. Dabei sieht und präsentiert sich die AnleiterIn als Teil der Gruppe. An den Aktivitäten nimmt sie soweit wie möglich und angemessen teil. In der

Exploration bewegt sich die AnleiterIn im Raum und auf derselben Raumebene. In Partner- und Gruppenarbeit stellt sich auch die AnleiterIn, wenn sinnvoll und hilfreich, als PartnerIn zu Verfügung. Diese Vorgehensweise ermöglicht den TeilnehmerInnen die Erfahrung, dass die AnleiterIn ihnen vertraut, indem sie selbst Beziehung anbietet. Diese ermöglicht mit ihrer Vorbildfunktion die Entwicklung gegenseitigen Vertrauens und Respekts.

Erfahrungsmöglichkeiten statt Übungen: Die verschiedenen Aktivitäten und Bewegungsaufgaben werden als Ideen präsentiert. Die Gruppe und die einzelnen TeilnehmerInnen werden angeregt, die Bewegungsaktivitäten auf ihre jeweils individuelle Weise zu gestalten und auszuprobieren. Es gibt kein richtig oder falsch.

Kreativität und Wertschätzung: Durch die offene Aufgabenstellung wird Kreativität gefördert. Neue Ideen, alternative Wege oder Variationen, die im Tun entstanden sind, werden mit der Gruppe geteilt, wertgeschätzt und können weiterentwickelt werden. Diese Wertschätzung kann durch Klatschen oder durch wechselseitiges Vor- und Nachmachen erfolgen. Die TeilnehmerInnen können so ihre Aktivitäten, Lösungswege und Ideen als wertvoll und sich selbst als kompetent erleben. Dies soll sie motivieren, weitere Herausforderungen anzunehmen.

Partizipation und Engagement: Durch die offene Aufgabenstellung und die Möglichkeit zur individuellen Modifikation der Aktivitäten werden das Engagement und die Partizipation der Teilnehmenden gefördert. Darüber hinaus wird die Möglichkeit zum Austausch der Erfahrungen gegeben. Dies geschieht durch Nachfragen oder Gesprächsrunden, in welchen alle TeilnehmerInnen ihr Erleben und ihre Wünsche mitteilen können.

Freude statt Konkurrenz und Leistung: In den Stunden wird eine angenehme Atmosphäre gestaltet. Die Aktivitäten sollen Freude bereiten. Wettbewerb, Konkurrenz und vor allem Leistungsdruck sollen durch die Anleitung und Präsentation der Aktivitäten vermieden werden. Die gemeinsame Erfahrung und der Spaß stehen im Vordergrund.

Emotionale Sicherheit: Es wird allen TeilnehmerInnen der Freiraum gegeben, die Situation und Bewegungsaktivität nach eigenen Möglichkeiten, Zutrauen und Wohlbefinden zu gestalten. Wann immer jemand Anzeichen von Unsicherheit, Nervosität oder Angst zeigt, wird Unterstützung angeboten und geschaut, wie die Aktivität so ausgeführt werden kann, dass sich jeder sicher und wohl fühlt. Niemand wird zu einer Aktivität gedrängt. Auch soll ausreichend Zeit für persönliche Kontakte zwischen den TeilnehmerInnen und der AnleiterIn zur Verfügung stehen, so dass sich die AnleiterIn innerhalb der Aktivitäten auch einzelnen Menschen zuwenden kann, um Stimmungslagen einschätzen und frühzeitig Unterstützung anbieten zu können. Dieser persönliche Kontakt soll zur Entwicklung emotionaler Sicherheit in der Stunde beitragen.

Personenzentrierung und Differenzierung: Allen TeilnehmerInnen sollen positive Erfahrungen, Anstrengungssituationen und Erfolgserlebnisse ermöglicht werden. Durch die individuelle Lösung der Bewegungsaufgaben kann jeder seine unterschiedlichen Fähigkeiten einbringen und Erfolg erleben. Durch die Bandbreite von einfachen bis komplexen Bewegungserfahrungen können für alle TeilnehmerInnen passende Aktivitäten ausgewählt werden. Sowohl körperlich und kognitiv schwerer beeinträchtigte Menschen können mit Unterstützung teilhaben und Erfolg erleben, als auch TeilnehmerInnen, die eher emotionale Einschränkungen zeigen und von motorisch herausfordernden Aktivitäten profitieren. Weiterhin sollten die ausgewählten Aktivitäten auf die Bedürfnisse der TeilnehmerInnen abgestimmt sein, dies gilt insbesondere für die Beziehungsdimensionen.

Selbstbestimmung und Initiative: Die TeilnehmerInnen werden unterstützt, selbstbestimmt zu handeln. Dies zeigt sich in der Offenheit, die Bewegungsaktivität nach eigenen Vorstellungen zu gestalten, und darin, dass es wenig Vorgaben gibt, was wann wie getan werden soll. Gibt es ein Laufspiel, entscheidet jeder Teilnehmende in welche Richtung es geht, begleitet von der Frage „In welche Richtung wollen wir laufen?“ Wird eine Aktivität vorgestellt, fordert die AnleiterIn dazu auf, selbst über den Beginn der eigenen Aktivität zu entscheiden, vielleicht mit den Worten „Beginnt, wenn ihr bereit seid“.

Zeit für die Aktivitäten: Es wird ausreichend Zeit gegeben, um sich mit der angebotenen Aktivität auseinanderzusetzen und diese zu gestalten und zu erleben. Oft ist es sinnvoller kürzere Bewegungsaktivitäten durchzuführen als eine lange Sequenz, in welcher in zu kurzer Zeit zu viele Bewegungsaktivitäten stattfinden und keine Zeit für eine ausführliche Exploration und Wahrnehmung der einzelnen Aktion bleibt.

Ressourcenorientierung: Damit die TeilnehmerInnen sich positiv erleben und Sicherheit entwickeln ist ein ressourcenorientierter Zugang wichtig. Die AnleiterIn bietet Aktivitäten an, die an Stärken, Vorlieben bei Bewegungsformen, Bewegungsqualitäten und Beziehungsdimensionen ansetzen, damit Erfolg ermöglicht wird. Von dieser sicheren Basis aus können dann die weniger vertrauten Bewegungsaktivitäten angeboten werden.

Bewusste Körperwahrnehmung: In der Anleitung wird die Aufmerksamkeit auf bestimmte körperliche Erfahrungen gelenkt, indem zum Beispiel nachgefragt wird, wie sich etwas anfühlt, um eine bewusste Körperwahrnehmung zu ermöglichen. Die TeilnehmerInnen werden ermutigt, ihrem „Körper zuzuhören" (Sherborne 1998, 12). Die Prinzipien der Stundengestaltung nach dem Sherborne Konzept,

- emotionale Sicherheit,
- Präsenz und Gemeinschaftsgefühl,
- Kreativität und Wertschätzung,
- Selbstbestimmung und Initiative,
- Partizipation und Engagement,
- Personenzentrierung und Differenzierung,
- Ressourcenorientierung,
- Erfahrungsmöglichkeiten statt Übungen,
- Freude statt Konkurrenz und Leistung,
- bewusste Körperwahrnehmung und
- Zeit für die Aktivitäten,

weisen Parallelen zu den menschlichen Grundbedürfnissen, wie sie von Grawe (2000) dargestellt wurden, auf: Das Bedürfnis nach Beziehung, Kontrolle und Selbstbestimmung, Selbstwert- und Kompetenzerleben und der Wunsch nach lustvollen Erlebnissen, die sich im Sherborne-Konzept mit Freude und Spaß übersetzen lassen. Werden die Sherborne-Stunden nach diesen Prinzipien gestaltet und grundlegende menschliche Bedürfnisse erfüllt, sollten günstige Voraussetzungen für entwicklungsförderliche Erfahrungen gegeben sein.

Didaktisch-methodische Hinweise

Reihenfolge der Beziehungsdimensionen? Generell kann keine Reihenfolge vorgegeben werden, da die inhaltliche Gestaltung der Stunden auch hinsichtlich der Beziehungserfahrungen von den Bedürfnissen und Möglichkeiten der einzelnen TeilnehmerInnen abhängt. Einige profitieren von *Füreinander-Aktivitäten* zum Beginn der Stunden, um Vertrauen in den Partner aufzubauen und auf diese Basis *Miteinander-* und auch *Gegeneinander-Aktivitäten* gestalten zu können. Andere sind mit der geforderten Nähe in den *Füreinander-Aktivitäten* überfordert. Die Unterstützung durch den Partner wird von diesen TeilnehmerInnen eher als Abhängigkeit oder Ausgeliefertsein erlebt und deshalb vermieden. Sie profitieren oft von *Gegeneinander-Aktivitäten*, um sich ihrer eigenen Kompetenzen und Kräfte zu versichern und darüber emotionale Sicherheit zu erleben. Der Partner kann im Kräftemessen als Gegenüber und vertrauensvolle Person erlebt werden, während der Teilnehmende selbstbestimmt handelt. Diese Erfahrung ist häufig Voraussetzung, um im Verlauf der Stunden Unterstützung zulassen und genießen zu können. Auch muss nicht jede Stunde Elemente aller drei Beziehungsdimensionen enthalten. Manche TeilnehmerInnen suchen und bleiben über viele Stunden in Aktivitäten nur einer Beziehungsdimension, andere profitieren davon, wenn alle drei Dimensionen angeboten werden.

Rituale: Jede Stunde sollte mit Anfangs- und Abschlussritualen strukturiert werden, um den TeilnehmerInnen Sicherheit zu vermitteln und Übergänge zu schaffen.

Inhaltliche Schwerpunkte zu Beginn der Stunde: Es ist sinnvoll, die Stunden mit Körper-, Bewegungs- und Raumerfahrung zu beginnen, um eine körperliche und räumliche Sicherheit zu vermitteln, bevor Aktivitäten zu den Beziehungsdimensionen angeboten werden. Während des Anfangsteils der Stunde sollte auch Gruppenwahrnehmung ermöglicht werden, um Sicherheit in der Gruppe zu fördern.

Bodenunterstützung als Sicherheit: Der Boden bietet sich für viele Aktivitäten an, da der feste Untergrund Sicherheit und Stabilität vermittelt und wenig bis kein Gleichgewicht notwendig ist.

Vorbereitung: Die anspruchsvolleren Bewegungsaktivitäten sollten vorbereitet werden, um Überforderung der TeilnehmerInnen zu vermeiden. Einige Aktivitäten bieten sich als Reihe an, in welchen die Exploration komplexerer Bewegungsformen Schritt für Schritt erarbeitet wird (Kap. 3).

Geschlechtersensible Anleitung: In den Stunden sollte darauf geachtet werden, dass vermeidlich geschlechtertypische Zuweisungen, wie z. B. Jungen/Männer sind stark und Mädchen/Frauen kümmern sich gerne um andere, vermieden werden. In den Bewegungsstunden sollen alle die Möglichkeit bekommen, sich in Bewegung und in Beziehung auszuprobieren, unabhängig vom Geschlecht (Welsche 2015). Eine wichtige Voraussetzung für eine geschlechtersensible Anleitung stellt die Reflexion der eigenen Geschlechterrolle der durchführenden Person dar.

Material als Medium: Das Sherborne-Konzept setzt an Aktivitäten und Spielformen an, die im direkten Körperkontakt stattfinden und kein Material brauchen. Allerdings gibt es TeilnehmerInnen, für die der direkte Körperkontakt in der jeweiligen Beziehungsdimension eine Überforderung darstellen kann (Welsche 2006). Material kann dann als Medium, als „Sicherheitsabstand" zum Partner, eingesetzt werden. Sobald die TeilnehmerInnen ausreichende Sicherheit in der Beziehung entwickelt haben, kann auf das Material verzichtet werden.

Reflektierter Umgang mit körperlicher Nähe und Distanz: Der Wunsch nach positiv erlebtem Körperkontakt stellt ein natürliches Bedürfnis des Menschen dar (Montagu 2015, Anders / Weddemar 2002). Die Gestaltung von Bewegungsstunden im direkten Kontakt erfordert einen reflektierten Umgang mit und Einsatz von körperlicher Nähe durch die AnleiterIn. Körperkontakt sollte von allen respektvoll aufgenommen werden, ohne ihn zu problematisieren. Dazu muss der angemessene Körperkontakt oft erst etabliert werden. Dies ist gerade in den *Gegeneinander-Sequenzen* eine Voraussetzung, damit alle Beteiligten die Situation positiv erleben können. Der AnleiterIn kommt eine Vorbildrolle zu. Sie zeigt, wie angemessener Körperkontakt gestaltet werden kann. Für manche Gruppen ist es sinnvoll, dies kurz anzusprechen. Merksätze können sein: „Wir sind freundlich zueinander. Wir achten auf den Anderen. Wenn wir etwas nicht möchten, sagen wir Stopp". Die AnleiterIn sollte in allen Kontakten darauf achten, welche Form des Körperkontaktes für welche TeilnehmerInnen angemessen ist, wann es zu nah wird und wann sehr enger Kontakt erwünscht und unterstützend ist. Gerade Kinder genießen es oft, eng umfasst oder spielerisch „eingeklemmt" zu werden. Auch in Stunden mit geschlechtergemischten Gruppen sollte geschaut werden, welche Formen der körperlichen Begegnung für die jeweiligen TeilnehmerInnen passend sind. Die Auswahl von geeigneten Spielen und Aktivitäten kann dabei unabhängig von der Geschlechterkonstellation von Gruppe zu Gruppe unterschiedlich sein.

Zielgruppenspezifische Hinweise

In diesem Abschnitt werden zielgruppenspezifische Hinweise für die Gestaltung der Stunden gegeben.

Menschen aus dem Autismusspektrum: Forschungsergebnisse haben gezeigt, dass Menschen mit Autismusspektrumsstörungen besonders dann von Stunden nach dem Sherborne-Konzept profitieren, wenn bestimmte Rahmenbedingungen und Hilfsmittel eingesetzt werden (Konaka 2007). Dazu gehört die Visualisierung von Aktivitäten und des Stundenablaufes, eine klare Sprache der AnleiterIn sowie eine einfache Demonstration der Aktivitäten.

Menschen mit sozialen Unsicherheiten: Für diese Gruppe ist es besonders wichtig, dass zu Beginn der Stunden ausreichend Sicherheit in die AnleiterIn, die Gruppe und das Angebot an sich vermitteln wird. Dies kann durch Hinweise wie z. B. die Betonung der Freiwilligkeit, sowohl bei der Teilnahme an den Aktivitäten als auch bei der Partnerwahl, und die Erläuterung des Stundenablaufes am Anfang, unterstützt werden. Für viele Menschen sind zudem Aktivitäten zur Körperwahrnehmung als Erfahrung körperlicher Stabilität und Kompetenz und Sequenzen zur *Füreinander-* oder *Miteinander-Beziehungsdimension* hilfreich. *Gegeneinander-Aktivitäten* werden oft als bedrohlich erlebt und vermieden. Diese sollten in der Gruppe sehr gut vorbereitet sein oder im Co-Therapeuten Setting angeboten werden, um positives Erleben sicher zu stellen.

Menschen mit aggressiven oder oppositionellen Verhaltensweisen: Diese Gruppe profitiert von bewegungsintensiven Aktivitäten zu Beginn der Stunde, die zunächst ohne einen direkten Kontakt zu anderen TeilnehmerInnen angeboten werden, um körperliche Spannungen und überschüssige Energien abbauen zu können. Auf der Beziehungsebene ist es oft hilfreich, mit *Gegeneinander-Aktivitäten* mit einer *aktiv-passiv-Rollenverteilung* zu beginnen. Hier können sie sich als handlungsfähig und unabhängig erleben. Das Bedürfnis nach Auseinandersetzung, Individuation und damit *Gegeneinander,* sollte *nicht unterbunden,* sondern aufgenommen und in Bahnen gelenkt werden, in welchen es auf konstruktive Weise ausgelebt werden kann. Für manche TeilnehmerInnen mit eher aggressiven Verhaltensweisen ist die Begleitung der Stunden im Co-Therapeuten Setting sinnvoll. Die Begleitung sollte regulierend wirken, falls es zu unfairen Handlungsweisen kommt, so dass die Aktivität gelingen kann und Kompetenzerleben ermöglicht wird. Auf positive Erfahrung aufbauend können meist nach einiger Zeit *Füreinander-*

oder *Miteinander-Aktivitäten* angeboten werden. Zur Förderung des Gruppengefühls und des konstruktiven Umgangs miteinander können zusätzlich Gruppenaktivitäten angeboten werden, in welchen die Gruppe gegen die AnleiterIn spielt, wenn TeilnehmerInnen mit Partneraktivitäten noch überfordert sind. Darüber hinaus ist bei dieser Zielgruppe zu beachten, dass die richtige Deutung des nonverbalen Verhaltens Anderer eine Herausforderung darstellen kann (Petermann / Petermann 2012). Oftmals wird den anderen TeilnehmerInnen eine „böse Absicht" unterstellt, z. B. wenn jemand versehentlich rempelt oder wehtut. Manchmal wird auch der Blickkontakt bereits negativ gedeutet. Ein Nachfragen der AnleiterIn zu den unterschiedlichen Erlebensperspektiven kann den TeilnehmerInnen helfen, die Wahrnehmungen besser einzuordnen.

1.5 Beobachtung als förderdiagnostischer Zugang

Beobachtung ist die Grundlage jeder pädagogischen Intervention. Durch zielgerichtete Beobachtungen können Informationen gesammelt werden, die für die Planung eines pädagogischen Angebotes notwendig sind. Im pädagogischen Kontext stehen sowohl Präferenzen, Fähigkeiten, Fertigkeiten und Ressourcen wie auch Einschränkungen und Bereiche, in welchen der Mensch von Unterstützung und Förderung profitieren kann, im Fokus.

- Wie verhalten und bewegen sich die einzelnen TeilnehmerInnen?
- Wo zeigen sich Kompetenzen?
- Wo zeigt sich Entwicklungs- oder Förderbedarf?
- Wo liegen Interessen und Präferenzen?

Diese Fragen werden im Sinne einer Prozess- und Förderdiagnostik gestellt. Die AnleiterIn beobachtet die TeilnehmerInnen aufmerksam und notiert im Anschluss die Eindrücke und Beobachtungen zu den festgelegten Kriterien. Darauf aufbauend werden die Inhalte der nächsten Stunden ausgewählt und an die Bedürfnisse der TeilnehmerInnen angepasst. Nach Eggert et al. (2007, 166) ist Förderdiagnostik „ein ständiger Prozess von Beobachtung, Hypothesenbildung, Förderung, Neubewertung und Veränderung der Förderung." Im Sherborne-Konzept liegen die Beobachtungskriterien in folgenden Bereichen:

- Körpereinsatz und Wahrnehmung
- Raumnutzung
- Bewegungsqualitäten nach Laban
- Beziehungsgestaltung

Körpereinsatz und Wahrnehmung

Es wird beobachtet, welche Körperteile die einzelnen TeilnehmerInnen in Bewegung nutzen.

- Sind die Bewegungen eher zentral, vom Körperzentrum aus, oder distal, von den peripheren Körperteilen aus, initiiert?
- Welche Körperteile werden besonders häufig genutzt?
- Welche weniger?
- Wie werden Ganzkörperbewegungen ausgeführt? Mit Zentrumsunterstützung oder ohne? (stabile Körperverbindung)
- Werden die verschiedenen Körperteile wahrgenommen?
- Sind die TeilnehmerInnen am eigenen Körper orientiert? Können sie die verschiedenen Teile benennen und bewegen?
- Sind die verschiedenen Körperseiten präsent?

Relevanz für die Stundenplanung: Von den Beobachtungsergebnissen ausgehend kann entschieden werden, von welchen Aktivitäten die TeilnehmerInnen profitieren können. Braucht es erst die Aktivierung der Körpermitte, um einen Purzelbaum zu machen oder zeigt der Teilnehmende bereits eine gute Zentrierung? Wichtig ist die Förderung der grundlegenden Körperverbindungen und Wahrnehmungen, um die TeilnehmerInnen zu befähigen, die Bewegungsaktivitäten bewältigen zu können. Wenn jemand Schwierigkeiten mit der Wahrnehmung der Körpermitte hat, wäre eine so komplexe Aktivität wie eine Rolle (Kap. 3.4) oder Purzelbaum möglicherweise eine Überforderung. Über Aktivitäten wie die „Schildkröte“ (Kap. 3.1, Wahrnehmung des Körperzentrums), „der Ball“ (Kap. 3.2, Persönlicher Raum) oder „Päckchen hochheben“ (Kap. 3.4, Gegeneinander) kann die Wahrnehmung des Körperzentrums unterstützt werden und der Purzelbaum kann so gut vorbereitet werden. Die differenzierte Wahrnehmung einzelner Körperteile ist die Voraussetzung für einen zielgerichteten Einsatz in Bewegung.

Raumnutzung und Wahrnehmung

Es wird beobachtet, wie die TeilnehmerInnen sich im allgemeinen und persönlichen Raum bewegen.

- In welcher Kinesphäre bewegen sich die TeilnehmerInnen am häufigsten? Welche werden kaum genutzt (jeweils der Aktivität angemessen)?
- Welche Raumebenen werden am meisten genutzt, welche weniger?
- Welche Raumrichtungen werden genutzt und welche weniger?

Relevanz für die Stundenplanung: Um die TeilnehmerInnen in der Entwicklung von räumlicher Sicherheit zu unterstützen, muss beobachtet werden, welche Räume genutzt werden. Auch lohnt sich für die Stundengestaltung die Überlegung, warum die einzelnen TeilnehmerInnen sich wohl in diesen Räumen bewegen und andere vermeiden. Die Bewegungsstunden sollten Angebote beinhalten, um sich aus dem vertrauten Raum neue Räume zu erschließen. Im Spiel mit dem persönlichen Raum kann geschaut werden, welche Kinesphäre in welchen Situationen hilfreich und sinnvoll ist und wie die verschiedenen Kinesphären für die eigenen Anliegen und Bedürfnisse aber auch im Kontakt zu anderen genutzt werden können. Wenn jemand mit vielen Menschen in einem Raum ist, nutzt er eher die kleine Kinesphäre, um den anderen Platz zulassen? Wird die große Kinesphäre genutzt, um sich Platz zu schaffen und zu besetzen?

Bewegungsqualitäten

- In welchen Bewegungsqualitäten liegen die Stärken der TeilnehmerInnen?
- Welche Bewegungsqualitäten sind in Ansätzen vorhanden?
- Welche Bewegungsqualitäten werden nicht gesehen und eventuell vermieden?

Relevanz für die Stundenplanung: Bewegungsstunden sollten durch verschiedene Bewegungsqualitäten führen, auch jene, die die TeilnehmerInnen normalerweise meiden, um zu helfen, ein breites Bewegungs- und damit Handlungs- und Ausdrucksrepertoire zu entwickeln. Durch den Zugang über präferierte Bewegungsqualitäten kann die Exploration der weniger vertrauten Bewegungsqualitäten angebahnt werden. Dabei liegt ein besonderes Augenmerk auf dem Einsatz der verschiedenen Antriebsfaktoren und -elemente. Wenn jemand sich viel im Kraftantrieb bewegt, werden in der Stunde Angebote gemacht, um die beiden Elemente des Kraftantriebs zu verdeutlichen – leicht und kraftvoll. Wenn jemand einen Antriebsfaktor kaum nutzt, dann werden Bewegungen angeboten, in welchen die Elemente des Faktors mit einer Präferenz als Affinität „automatisch" mitgehen. Ein Tritt oder Schlag ist ohne die Bewegungsqualitäten kraftvoll, direkt und plötzlich nicht möglich, ein Sprung braucht die Bewegungsqualität freier Fluss und plötzlich. Auf diese Weise wird erst Sicherheit vermittelt, Bedürfnisse werden befriedigt und durch diese Ressourcenorientierung neue Handlungsspielräume eröffnet. Mit dem Zusammenhang zwischen einzelnen Bewegungsqualitäten und emotionalen und kognitiven Kompetenzen stellt sich darüber hinaus die Frage, was das individuelle Bewegungsprofil für die einzelnen TeilnehmerInnen bedeuten könnte. Was für Gründe könnte es geben, sich so zu bewegen und nicht anders? Zeigt sich hier der (motorische) Entwicklungsstand? Kleine Kinder bewegen sich in der Regel eher frei und müssen den gebunden Fluss noch lernen. Mit Buytendijk (1956) kann Bewegung auch emotionaler Ausdruck sein. Stern (2011) sieht die Dynamik von Bewegung als Ausdrucksform der Vitalität. Wie können die zu beobachtenden Bewegungspräferenzen als Ausdrucksphänomen verstanden werden und welche Hinweise ergeben sich daraus für die Stundenplanung?

Beziehungsdimensionen

- Welche Form der Beziehungsgestaltung präferieren die TeilnehmerInnen?
- Welche werden wann vermieden?
- Können die TeilnehmerInnen vertrauen? Wenn ja, wem und wann?
- Welche Verantwortung kann übernommen werden und wann?
- Wann können sie sich durchsetzen?
- Können sie kooperieren und wenn ja, wann?
- Können sie Blickkontakt aufnehmen und wenn ja, wann?
- Sind sie in Beziehung eher aktiv oder eher passiv und wenn ja, wann?
- Kommunizieren sie mit Sprache?
- Wie kommunizieren sie nonverbal?

Relevanz für die Stundenplanung: Auch für den Blick auf die Beziehungsdimensionen gilt es, die präferierten und die vermiedenen Dimensionen zu erfassen und zu schauen, in welchen Situationen die TeilnehmerInnen welches Verhalten zeigen. Häufig wird mit ausreichenden Aktivitäten zur bevorzugten Beziehungsdimension der Übergang zu den anderen Dimensionen ermöglicht. Auch hier wird im Sinne der Ressourcenorientierung vorgegangen. Mit Blick auf die Art und Weise, wie der einzelne Teilnehmende kommuniziert, mit oder ohne Blickkontakt, aktiv oder eher passiv, verbal oder eher nonverbal, können Aktivitäten angeboten werden, die die Entwicklung von Sicherheit in Beziehung unterstützen. Welche Aktivitäten sinnvoll und wirkungsvoll sein können, hängt von den individuellen Bedingungen der einzelnen TeilnehmerInnen ab, die durch Beobachtung herausgefunden werden sollen (Abb. 10).

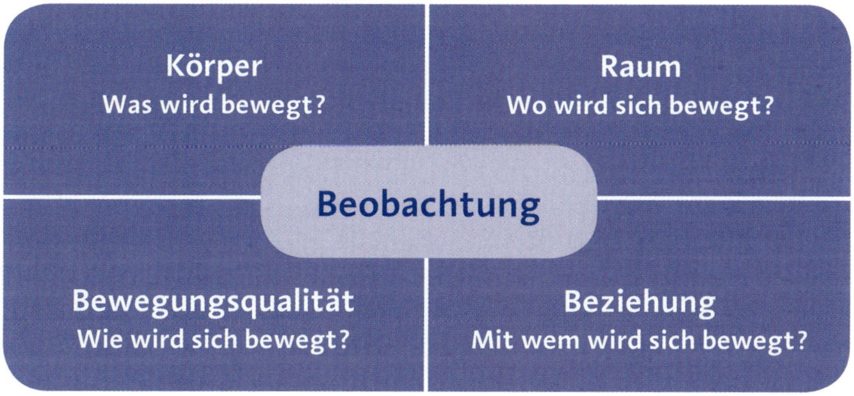

Abb. 10: Beobachtungskriterien

1.6 Anmerkungen zum Forschungsstand

Zum Sherborne-Konzept existieren einige internationale Studien unterschiedlicher Qualität und Designs. In diesen werden einzelne Aspekte des Konzeptes sowie dessen Effekte untersuchen (Tab. 5). Zielgruppenspezifische Studien wurden vor allem zum Autismusspektrum durchgeführt. Förderliche Potentiale des Konzeptes werden in verschiedenen Studien bestätigt, in welchen unter anderem die Bedeutung bestimmter Rahmenbedingungen verdeutlicht werden, wie z. B. Struktur, Hilfsmittel und Begleitperson, die bedeutsam sind, um Entwicklung im Sherborne-Setting zu unterstützen. Weiterhin hat sich Thornquist (2012), Professorin für Physiotherapie in Norwegen, in ihrer Veröffentlichung „Movement and Interaction" mit einem forschungstheoretischen Schwerpunkt zu Begründung und Einsatzmöglichkeiten qualitativer Designs zur Evaluation und Dokumentation der im Sherborne-Setting zu beobachtenden Prozesse befasst.

In Zeiten der Diskussion um Qualitätssicherung und Evidenzbasierung pädagogischer und therapeutischer Angebote reichen die direkt erlebten

Auswirkungen des Sherborne-Konzeptes auf TeilnehmerInnen und KlientInnen, die PraktikerInnen aus ihren Stunden berichten, nicht aus, um das Potential des Konzeptes verdeutlichen. Die vorliegenden Studien können als erste kleine Schritte zur Evaluation des Konzeptes verstanden werden, als Anfang einer Auseinandersetzung mit der Frage der Besonderheit und der Wirksamkeit des Konzeptes. Diese sollte unbedingt weitergeführt werden, wenn der Anspruch besteht, das Konzept in den Kanon pädagogisch-therapeutischer Verfahren und Methoden zu etablieren.

Tab. 5: Studien zum Sherborne-Konzept

Thema	Autoren
Förderung von Kindern aus dem Autismusspektrum	Konaka (2007) Zawadzka et al. (2014) Wieczorek / Kuriata (2014) Konieczna et al. (2010)
Förderung von Kindern mit Down-Syndrom	Wieczorek (2009)
Förderung von ein- bis dreijährigen Kindern	Bogdanowicz (1992) Adamczyk et al. (2011)
Förderung von an Polio erkrankten Kindern	Bogdanowicz (2007)
Auswirkungen auf die Eltern-Kind-Beziehung	Weston (2012) Filer (2007) Friedrich / Welsche (2016)
Rolle der Begleitung für Kinder mit einer Lernbehinderung	Zwolinska et al. (2014)
Vergleich zwischen Sportunterricht und Unterricht nach dem Sherborne-Konzept	Simons et al. (2011) Marsden et al. (2007)
Förderung emotionaler Kompetenzen für Lehrer	Hen / Walter (2012)

2 Anreicherungen

Zur Argumentation für eine beziehungsorientierte Bewegungspädagogik nach Sherborne als wertvolle Ergänzung des bewegungspädagogischen Methodenkanons braucht es eine fachwissenschaftliche Begründung. Sherborne benennt Labans Bewegungslehre als theoretische Grundlage und ergänzt diese durch Erkenntnisse aus ihren langjährigen Erfahrungen mit Beobachtungen von Kindern. Die Laban-Lehre scheint mir für eine theoretische Fundierung nicht ausreichend, da sie sich mit der Bewegung des Menschen befasst, nicht aber mit der Körperwahrnehmung und der Beziehungsgestaltung. In diesem Kapitel der Anreicherungen nehme ich Bezug zu Überlegungen und Theorien zum Gegenstand „Bewegung“ und „Beziehung“ und sehe lohnenswerte Anknüpfungspunkte, die zu einer theoretischen Einbindung des Konzeptes beitragen können, zu Theorien der Bewegungs- und Sportpädagogik, zur Psychomotorik, Entwicklungspsychologie und zur Selbstkonzeptforschung.

Unter einer bewegungsorientierten Perspektive stelle ich die Funktionen von Bewegung nach Funke-Wieneke (2010) vor und reflektiere die besondere Eignung des Sherborne-Konzeptes zur Umsetzung inklusiver bewegungs- und sportpädagogischer Angebote anhand von sportdidaktischen Modellen zur Inklusion.

Mit Blick auf die Beziehungsorientierung des Sherborne-Konzeptes wähle ich das dialogische Prinzip von Buber (1979) als philosophisch-anthropologische Grundlage und konzentriere mich anschließend auf die Darstellung entwicklungspsychologisch-psychomotorischer Aspekte, die zur Anreicherung des Sherborne-Konzeptes sehr geeignet scheinen.

Im Abschnitt über das Selbstkonzept, gedacht als bewegungspädagogische und entwicklungspsychologische Perspektiven integrierendes Element, habe ich mich auf jene Theorien und Untersuchungen konzentriert, die sich mit der Bedeutung von Bewegung und sportlicher Aktivität für das Selbstkonzept befassen und interessante Erkenntnisse für die Einordung des Sherborne-Konzeptes bieten.

Das Kapitel der Anreicherungen und Ergänzungen endet mit einem Überblick, unter welcher Argumentation das Konzept über die Lebensspanne und bei spezifischen Zielgruppen eingesetzt werden kann.

2.1 Eine bewegungsorientierte Perspektive

In der Bewegungs- und Sportpädagogik gibt es mittlerweile sehr umfassende und unterschiedliche Konzepte, die sich mit den Funktionen von Bewegung und den sich daraus ergebenden Bildungsmöglichkeiten befassen. In der Auseinandersetzung mit dem Sherborne-Konzept konzentriere ich mich auf die Bearbeitung von Funke-Wieneke. Dies geschieht aus zwei Gründen: Zum einen habe ich im Umfeld des Universitätslehrers Funke-Wieneke eine wichtige Zeit meines akademischen Werdegangs verbracht. Sein Verständnis von Bewegung und seine fachdidaktischen Konzepte und Überlegungen haben mir wertvolle Impulse für meine eigene Auseinandersetzung mit dem Phänomen „Bewegung" gegeben. Zum anderen scheint mir die Anbindung des Sherborne-Konzeptes an Funkes Bearbeitung besonders passend, da er sich bereits mit den Beziehungsdimensionen von Sherborne und der Bewegungslehre Labans befasst hat. Auch der sportpädagogische Bezug, den ich unter dem Stichwort „Inklusion" vornehme, bietet einen ergiebigen Ansatzpunkt. Angelehnt an didaktische Modelle der Bewegungs- und Sportpädagogik verdeutliche ich die besonderen Möglichkeiten des Konzeptes für bewegungspädagogische Angebote mit heterogenen Gruppen.

Funktionen der Bewegung nach Funke-Wieneke

Im Sherborne-Konzept bildet die Vermittlung von Bewegungs- und Körpererfahrungen einen inhaltlichen Schwerpunkt. Diese Erfahrungen ergeben sich aus Aktivitäten, die

a. den Einsatz der Bewegungsqualitäten nach Laban fördern und
b. die grundlegende Körperwahrnehmung ermöglichen.

Um die Relevanz des Konzeptes aus einer bewegungsorientierten Perspektive zu diskutieren, strukturiere ich in einem ersten Schritt das Phänomen „Bewegung". Das Standardwerk zu dieser Frage publizierte Bujytendjik (1956) aus phänomenologischem Blickwinkel. Er unterschied drei Grundformen der Bewegung: Zielgerichtete Bewegungshandlungen, Bewegung als Ausdrucksphänomen, Bewegungen mit einer repräsentativen, d. h. symbolischen, Funktion und Mischformen, auf die sich auch Hölter (2011, 23) in seiner Auseinandersetzung mit der phänomenologisch-anthropologischen Sicht der Bewegung bezieht. Diese umschreibt er beispielhaft als:

- Bewegung als Ausdruck – z. B. Mimik, Gestik, Gang, Koordination,
- Bewegung als Handlung – z. B. Alltagsbewegungen, sportlich-spielerische Bewegungen, bewusste Ausdrucksbewegungen,
- repräsentative Bewegungen – z. B. das Peacezeichen, OK-Taucherzeichen, Verbeugen, und
- Mischformen wie spielerische Bewegungen.

Diese Kategorien geben einen ersten Hinweis auf die Bedeutungen oder Funktionen von Bewegung für den Menschen.

Verschiedene Sport- und Bewegungswissenschaftler befassten sich mit der Frage, in welcher Weise das Phänomen „Bewegung“ unter bildungstheoretischen Gesichtspunkten aufgegriffen werden kann. Grupe (1976), der Begründer der wissenschaftlichen Sport- und Bewegungspädagogik nach dem Krieg, nahm bereits 1976 eine Einteilung in die Kategorien der personalen, explorierend-wahrnehmenden, sozial-kommunikativen und instrumentellen Funktionen vor, die in den folgenden Jahren wiederholt aufgegriffen und weiterentwickelt wurde (Scherler 1990, Zimmer 2004, Funke-Wieneke 2010).

Funke-Wieneke (2010, 75) orientiert sich in seiner Auseinandersetzung mit dieser Frage an der Bestimmung jener Funktionen, in welchen es „bezüglich der Bewegungsfähigkeit eines Menschen etwas zu lernen oder besser zu können“ gibt. Er bestimmt vier Funktionen des Sich-Bewegens:

- die instrumentelle Funktion
- die sensible Funktion
- die symbolische Funktion
- die soziale Funktion

In einer theoretischen Betrachtung lassen sich die verschiedenen Funktionen deutlich voneinander unterscheiden. Von der einzelnen Bewegungsaktivität ausgehend überschneiden sie sich allerdings oft, so dass die Aufteilung nicht als trennscharfe Abgrenzung, sondern als Strukturierungshilfe zu verstehen ist. Als solche bietet diese eine aktuelle und überzeugende Systematisierung, um die Bedeutung von Bewegung als Ausgangspunkt pädagogischen Handelns zu diskutieren. Für mein Anliegen ist Funke-Wienekes Darstellung besonders tragfähig, da er sich in der sozialen Funktion bereits auf die drei Beziehungsdimensionen nach Sherborne bezieht.

Zur instrumentellen Funktion: Erst die körperliche Existenz und die Bewegungsfähigkeit ermöglichen es dem Menschen, in der Welt zu handeln. Dabei stellt die zielgerichtete, an Dinge und Räume angepasste Bewegung das Mittel aller Handlungen dar. Bewegung ist das Werkzeug, mit welchem dingliche und räumliche Beziehungen aufgenommen werden. In diesem Verständnis wird Bewegungskompetenz zu einem Teil der Handlungskompetenz. Bewegungen, die der *instrumentellen Funktion* nach Funke-Wieneke (2010, 191) zuzuordnen sind, sind jene, „die [...] dazu dienen, etwas zu produzieren, zu zerstören, zu steuern [...]."

Ein Ziel des Sherborne-Konzeptes liegt in der Erweiterung des Bewegungsrepertoires der TeilnehmerInnen. Diesem Ziel kann die Förderung von Bewegungen mit *instrumenteller Funktion* zugeordnet werden, die hier insbesondere durch Aktivitäten zu den Bewegungsqualitäten nach Laban vermittelt werden. Ein möglichst breites und ausbalanciertes Bewegungsrepertoire begünstigt eine gelingende Alltagsbewältigung (siehe auch Stern (2011) und Laban / Ullmann (2003) dazu). In jedem Fall stellt es die Voraussetzung dar, um sich sowohl an die Anforderungen der Umwelt anzupassen als auch das angemessene (Bewegungs-) Verhalten zur Erreichung eigener Ziele wählen zu können. Die Entwicklung und Exploration des Bewegungsrepertoires ist allerdings nicht nur für Adressaten pädagogischer oder therapeutischer Angebote relevant. In besonderem Maße gilt es für die pädagogisch-therapeutischen Fachkräfte. Diese sollten selbst über ein differenziertes Bewegungsrepertoire verfügen, um KlientInnen auf der Handlungs- bzw. Bewegungsebene entwicklungsförderlich begegnen zu können.

MERKE

Durch Aktivitäten zu den Bewegungsqualitäten wird die Entwicklung eines breiten Bewegungsrepertoires gefördert, was sowohl für Teilnehmende als auch anleitende Fachkräfte relevant ist. Dieses ist Voraussetzung, um im Sinne eines dialogischen Prozesses Bewegungen zielgerichtet und an die Gegebenheiten der Umwelt angepasst ausführen zu können. Ein breites Bewegungsrepertoire ist Bestandteil eines breiten Handlungsrepertoires.

Zur sensiblen Funktion: Mit dem Begriff der Exploration kann die Auseinandersetzung mit Material und Umgebung aber auch die Erkundung der eigenen Person bezeichnet werden. Als Grundlage beider Dimensionen sieht Funke-Wieneke die Fähigkeiten, differenziert zu Fühlen und zu Spüren und wählt als zusammenfassende Bezeichnung den Begriff der *sensiblen Funktion*.

Im Sherborne-Konzept findet sich die *sensible Funktion* in der Wahrnehmung des eigenen Körpers, der eigenen Bewegung und des Raumes. Die Bedeutsamkeit von Körperwahrnehmung ist in den Grundannahmen des Konzeptes verankert. Eine Zielvorstellung liegt in der Vermittlung von Körperwahrnehmung, damit die TeilnehmerInnen ihren eigenen Körper in und durch Bewegung erfahren, ihn als leiblichen Teil ihres Selbst wahrnehmen und sich in ihm wohlfühlen können. Röhricht et al. (2004) bieten mit der Erweiterung auf den Begriff des *Körpererlebens* eine aktuelle Differenzierung der Teilaspekte der sehr weit gefassten Bezeichnung *Körperwahrnehmung* (Tab. 1). Anhand dieser lässt sich gut nachvollziehen, in welchem Sinne Körpererleben als *sensible Funktion* der Bewegung durch Sherborne-Aktivitäten vermittelt und gefördert werden kann.

Das *Körperschema* wird in allen Aktivitäten angesprochen, in welchen sich die TeilnehmerInnen am eigenen Körper orientieren und die Lage und Ausdehnung im Raum wahrzunehmen. Röhricht et al. (2004) beschreiben es auch als Körpergrößenwahrnehmung, die durch die Verarbeitung von taktilen, kinästhetischen und propriozeptiven Reizen entsteht. Diese Körperwahrnehmungen werden in sämtlichen Sherborne-Aktivitäten ermöglicht. Beispielhaft lässt es sich für den Stern (Kap. 3.2) beschreiben: Hier brauchen die TeilnehmerInnen das Gefühl, wo sich die eigenen Beine und Arme im Raum befinden und wie und in welche Richtung sie ausgestreckt werden müssen, damit ein Stern entsteht. Diese Bewegungen sollten ohne visuelle Kontrolle geschehen, so dass die taktile, kinästhetische und propriozeptive Wahrnehmung aktiviert wird.

Auch das *Körperempfinden* wird in allen Aktivitäten angeregt, da die TeilnehmerInnen mit jeder Bewegung aufgefordert werden, ihren eigenen Körper und die Umwelt in Form eines Partners, des Bodens oder als Raum wahrzunehmen. Dies geschieht nicht nur durch die Körper- und Nahsinne sondern auch über die Fernsinne, also auditiv, visuell, taktil und olfaktorisch (über den gustatorischen Sinn werden im Sherborne-Konzept keine Erfahrungen vermittelt, deshalb ist er an dieser Stelle nicht relevant).

Das *Körper-Bild* und das *Körper-Selbst* als körperbezogene Kognitionen können besonders in Gesprächen über die Aktivitäten gefördert werden. Im Austausch über das gemeinsame Bewegen kann formales Wissen über den eigenen Körper aufgebaut und Einstellungen, körperbezogene Phantasien und Bewertungen zum Körper können entwickelt werden (*Körper-Bild*). Auch die Unterscheidung zwischen dem eigenen Körper und der Umwelt wird durch die Versprachlichung von Beobachtungen der AnleiterIn oder im Austausch zwischen den TeilnehmerInnen verdeutlicht und kann so kognitiv integriert werden (*Körper-Selbst*). Aus meiner Sicht sollte der kognitiven Perspektive der Körpergrenze und der Einheits-Erfahrung das jeweilige Pendant der perzeptiven Perspektive zugeordnet werden. Gerade die Partneraktivitäten fordern dazu auf, die eigene Körpergrenze durch den engen Körperkontakt zum Partner zu spüren und sich so als leibliche Person besser wahrnehmen zu können, während die ganzkörperlichen Aktivitäten wie Rollen oder Springen die Wahrnehmung des Körpers als Einheit bieten.

Die *Körper-Kathexis* oder *Körper-Emotionen* beschreiben die Zufriedenheit mit dem eigenen Körper, aber auch die Sensitivität, die leibliche Vitalität und das Ganzheitsempfinden. Letzteres wird mit allen Sherborne-Aktivitäten gefördert, in welchen Ganzkörpererfahrungen vermittelt werden. Das Erreichen einer Körperzufriedenheit kann als Ziel des Sherborne-Konzeptes gesehen werden, da der Mensch unterstützt wird, sich in seinem Körper zuhause zu fühlen. Dieses Gefühl sollte mit der Empfindung einer allgemeinen Körperzufriedenheit einhergehen.

Die *Körper-Bewusstheit* im Sinne eines Gewahrseins „der eigenen Leiblichkeit in all ihren Aspekten bzw. Ausprägungen“ (Röhricht et al. 2004, 6) wird im Sherborne-Konzept vor allem durch die Aufforderung, die Aufmerksamkeit auf den eigenen Körper zu lenken, angeregt. In den die Aktivitäten begleitenden Gesprächen kann die Reflexion der Körperwahrnehmung angeboten werden, die zur Entwicklung und Aktualisierung der Körper-Bewusstheit beiträgt (Abb. 11).

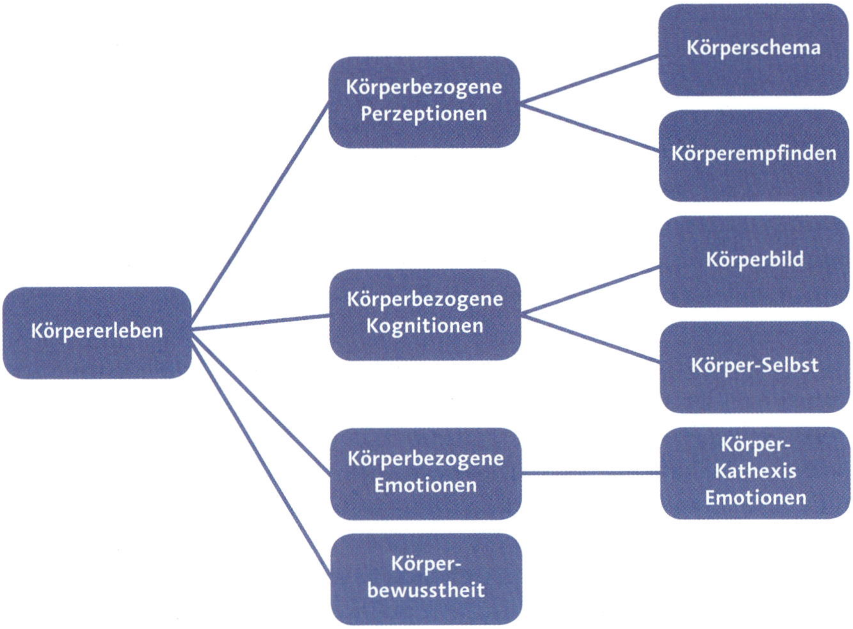

Abb. 11: Teilbereiche des Körpererlebens (Röhricht et al. 2004)

Die mit den körperbezogenen Perzeptionen und Kognitionen des Körpererlebens verbundenen Prozesse können in Funke-Wienekes Systematik der *sensiblen Funktion* dem Bereich des *Sich-Selbst-Erkundens* zugeordnet werden. Sie stellen die Voraussetzung dar, um eine Vergewisserung der eigenen Person zu ermöglichen.

Der *sensiblen Funktion* lassen sich allerdings nicht nur Erfahrungen zum Körper zuordnen, auch *Prozesse zur Bewegungswahrnehmungen* werden hier berücksichtigt. Diese werden im Sherborne-Konzept vor allem durch die Betonung der Bewegungsqualitäten nach Laban vermittelt. Mit der Betrachtung von Bewegungsmerkmalen lassen sich in der Sherborne-Praxis zudem motorische Aspekte, angelehnt an die motorischen Basiskompetenzen wie sie Eggert et al. (2007) definiert, thematisieren. Diese sind im ursprünglichen Konzept nicht bedacht, gleichwohl aber vorhanden. Die Berücksichtigung dieser motorischen Parameter ist eine wertvolle Ergänzung des von Labans Bewegungslehre geprägten Konzeptes.

Funke-Wieneke (2010) ordnet der *sensiblen Funktion* zudem die Exploration der Umwelt zu. Im Sherborne-Konzept besteht die Umwelt in erster Linie aus anderen TeilnehmerInnen und dem Raum. Durch erkundendes Sich-Bewegen werden Informationen über die personale und räumliche Umwelt vermittelt, die im Sinne von Piagets Lern- und Entwicklungstheorie (Siegler et al. 2016) Lernprozesse zur Weltkonstruktion beitragen. Darüber hinaus werden durch exploratives Handeln Veränderungsprozesse der Umwelt erfahrbar, welche Selbstwirksamkeitserfahrung ermöglichen können. Ein besonders wichtiger räumlicher Bereich ist der Boden, da sehr viele Aktivitäten den Boden als Unterstützung einbeziehen. Anders als im Kompetenzansatz der Psychomotorik wird im Sherborne-Konzept kaum Material eingesetzt.

MERKE

Durch Sherborne-Aktivitäten werden Körper- und Bewegungswahrnehmungen geschaffen, die es ermöglichen, Erfahrungen und Wissen über die eigene Person und die personale wie räumliche Umwelt zu konstruieren. Handlungsstrategien können darauf aufbauend entwickelt und Selbstwirksamkeit erlebt werden.

Zur symbolischen Funktion: Symbole werden in und durch Bewegung gebildet. Absichten und Gefühle werden ausgedrückt, Sachverhalte und Situationen oder Dinge beschrieben. Durch Bewegung wird so eine Kommunikation mit der Umwelt ermöglicht. In der Psychomotorik haben sich vor allem Seewald (2007) und Lapierre / Aucouturier (2002) mit der Symbolik von Bewegung befasst. In ihren psychotherapeutisch ausgerichteten Ansätzen wird das

Bewegungsverhalten als symbolhaft für Entwicklungsthemen, Wünsche oder Konflikte gedeutet.

Funke-Wieneke (2010, 191) fasst die *symbolische Funktion* von Bewegung breiter und umschreibt sie als „verständliches ‚Sprechen' durch Bewegung". Die Wahrnehmung und Steuerung der Bewegungssprache durch Gestik, Mimik, Muskeltonus und Körperhaltung wird im Sherborne-Konzept vor allem in den beziehungsorientierten Aktivitäten in Partnerarbeit gefördert, in welchen die TeilnehmerInnen über Körperkontakt gemeinsam in Bewegung kommen, sei es im *Füreinander*, *Gegeneinander* oder *Miteinander*.

Neben dem Aspekt der Selbstwahrnehmung im Ausdruck bietet die Beschäftigung mit Bewegungen mit *symbolischer Funktion* eine wertvolle Möglichkeit, um den Blick für die „Bewegungssprache" der Anderen zu sensibilisieren. Für manche TeilnehmerInnen, vor allem Menschen mit aggressiven, unsicheren Verhaltensweisen oder Menschen aus dem Autismusspektrum, stellt nicht nur die Steuerung des eigenen Ausdrucks, sondern auch die richtige Deutung der symbolischen Bewegungen anderer Menschen eine große Herausforderung dar (Petermann / Petermann 2012, Kamp-Becker / Bölte 2014). Saarni (2002) benennt in seinem Modell der emotionalen Kompetenzen unter anderem die Fertigkeiten, Emotionen nonverbal – also symbolisch – auszudrücken und den emotionalen Ausdruck auch bei anderen Menschen erkennen und einordnen zu können. Das Verstehen der anderen, als Interpretation des symbolischen Ausdrucks, stellt die Basis für die Entwicklung sozialkompetenter Verhaltensweisen dar, denn es ermöglicht die Auswahl einer der Situation angemessenen Reaktion.

MERKE

Mit den Sherborne-Aktivitäten kann die Entwicklung eines verständlichen Ausdrucks durch Bewegung als auch das Verstehen des Ausdrucks der Anderen unterstützt werden. Diese Fertigkeiten stellen Teilbereiche der emotionalen Kompetenz dar, welche wiederum als Voraussetzung für die Entwicklung sozialkompetenter Verhaltensweisen gilt.

Zur sozialen Funktion: *Zur sozialen Funktion* der Bewegung gehört die Fähigkeit, Beziehungen durch und in Bewegung zu gestalten. In seiner Erläuterung zu diesem Aspekt greift Funke-Wieneke (2010) die drei Beziehungsdimensionen *Füreinander, Gegeneinander* und *Miteinander* des Sherborne-Konzeptes auf. Dabei ergänzt er diese um die Dimension des koordinierten *Nebeneinanders* ohne Körperkontakt, wie es z. B. in synchronen Bewegungen zu beobachten ist.

In den Aktivitäten zu den drei Beziehungsdimensionen wird Beziehung zu anderen TeilnehmerInnen auf dem direktesten Weg, dem Körperkontakt, hergestellt. Sozial-kompetente Verhaltensweisen wie Rücksichtnahme, Kooperationsbereitschaft oder auch Durchsetzungsvermögen können im gemeinsamen Bewegen geübt, erfahren und im nächsten Schritt reflektiert, weiterentwickelt oder verändert werden.

DEFINITION

Hinsch/Pfingsten (2015, 82) verstehen unter **Sozial-Kompetenz** „die Verfügbarkeit und Anwendung von kognitiven, emotionalen und motorischen Verhaltensweisen, die in bestimmten sozialen Situationen zu einem langfristig günstigen Verhältnis von positiven und negativen Konsequenzen für den Handelnden führen."

Für TeilnehmerInnen, die den Kontakt zu anderen eher meiden oder sehr unsicher sind, kann im spielerischen, lustvollen und gemeinsamen Tun die Aufmerksamkeit auf die Bewegungsaktivität gelenkt und so die Kontaktaufnahme erleichtert werden. Positive Beziehungserfahrungen, als Voraussetzung für eine reflektierte und zielgerichtete Förderung der sozialen Fertigkeiten, werden durch die Art und Weise der Begleitung und des Arrangements der Aktivitäten im günstigen Fall „nebenbei" ermöglicht, so dass eine erste Sicherheit im Beziehungshandeln entstehen kann. Diese kann den Menschen motivieren, weitere Herausforderungen in Beziehung anzunehmen und zu gestalten.

MERKE

Mit den Sherborne-Aktivitäten in den drei Beziehungsdimensionen wird über das gemeinsame Sich-Bewegen im direkten Körperkontakt grundlegende Sozialerfahrung mit anderen Menschen ermöglicht und die Entwicklung von Sozialkompetenz unterstützt.

Zusammenfassung

Im Sherborne-Konzept werden für pädagogische Zwecke relevante Funktionen von Bewegung adressiert. Die Körper- und Bewegungsdimension ist gemeinsam zu denken, da Bewegung ohne körperliche Existenz nicht möglich ist und der Körper über Bewegung erfahrbar wird.

Sportpädagogische Bezüge unter dem Stichwort Inklusion

BEISPIEL

Eine Gruppe von Kindern bewegt sich gemeinsam in der Turnhalle, sie sitzen verteilt auf dem Boden, jeweils in Paaren. Kinder im Alter von ca. zehn Jahren sitzen hinter Kindern zwischen drei und fünf Jahren. Die älteren Kinder umschließen die jüngeren mit Armen und Beinen und gemeinsam rollen sie rückwärts über den Rücken und wieder nach vorn, während sich die jüngeren Kinder vertrauensvoll an ihre PartnerInnen anlehnen. Manche Paare rollen schnell, mit viel Schwung und weit nach hinten, so dass die Füße hoch in der Luft sind. Andere rollen eher langsam und vorsichtig. Allen Kindern ist die Freude an der Bewegung anzusehen, sie lächeln oder lachen sogar laut, machen begleitende Geräusche und genießen offensichtlich die gemeinsame Aktivität.

Seit der 2009 in Deutschland in Kraft getretenen UN-Behindertenrechtskonvention ist die pädagogische Praxis in Bildungs- und Freizeiteinrichtungen mit der Forderung konfrontiert, ihre Angebote inklusiv zu gestalten, so dass alle Interessierten, unabhängig von ihren individuellen Merkmalen und Fähigkeiten, teilnehmen und profitieren können. Dieser Forderung folgend wurden Überlegungen zur inklusiven Gestaltung von bewegungs- und sportpädagogischen Angeboten in den letzten Jahren hauptsächlich zum Schulsport thematisiert (u.a. Fediuk/Hölter 2003; Giese/Weigelt 2013; Tiemann 2016). Bisherige didaktische Positionen lassen sich nach Giese/Weigelt (2013) über folgende Kernmerkmale unterscheiden:

- eine innere Differenzierung mit Schwerpunkt auf die optimale individuelle Entwicklung (Fediuk/Hölter 2003),
- die Ausrichtung der Stundenplanung an den TeilnehmerInnen mit den größten Einschränkungen (Eiseler et al. 2010),
- die Orientierung am Konzept der Mehrperspektivität bei Berücksichtigung individueller Präferenzen (Wurzel 2008) und
- die Betonung des sozialen Bewegungsaspektes mit der Forderung nach Bewegungsbeziehungen (Weichert 2003; 2008).

Aus diesen Positionen lassen sich unterschiedliche Verständnisse zur Bedeutung des sozialen Aspektes inklusiv gestalteter bewegungs- und sportpädagogischer Angebote ableiten. Weichert (2012, 258) ordnet diese im Spannungsfeld zwischen der „weichesten“ Variante von Inklusion als ein Nebeneinander, in welchem alle TeilnehmerInnen nach ihren Möglichkeiten und Interessen beteiligt sein können, wie z. B. in einer Bewegungslandschaft, und der „härteren“ Variante, in welcher durch Bewegungsbeziehungen zwischen den TeilnehmerInnen ein wirkliches Miteinander erreicht werden soll.

Um die besondere Eignung des Sherborne-Konzeptes zur Umsetzung inklusiver Bewegungsstunden nicht nur mit den Filmen zu zeigen, sondern auch anhand bewegungs- und sportpädagogischer Positionen zum Thema zu verdeutlichen, bietet sich Weicherts Modell an, zu welchem es inhaltlich deutliche Überschneidungen gibt. Die zentrale Gemeinsamkeit beider Konzepte liegt in der Bedeutung der Bewegungsbeziehung. Weichert übt Kritik an Ansätzen, in welchen Menschen eher nebeneinander lernen als miteinander handeln und sich bewegen. Die Voraussetzung für die Entstehung einer wirklichen Begegnung sieht er in der gelingenden Bewegungsbeziehung, die das Ziel von Bewegungsstunden mit heterogenen TeilnehmerInnen sein sollte, die im Rahmen von an Individualnormen orientierten Bewegungs-, Spiel- und Sportstunden angeboten werden (diese Ausrichtung steht im Gegensatz zu den im traditionell wettbewerbs- und vergleichsorientierten Sportverständnis durchgeführten mainstream Sport- und Bewegungsstunden).

Sherborne hat bereits in den 1990er Jahren Menschen mit unterschiedlichen Voraussetzungen in Beziehung und Bewegung gebracht, als in Schulen und anderen Bildungseinrichtungen noch alle als besonders unterstützungsbedürftig eingestuften Menschen durch ausdifferenzierte Fördersysteme segregiert und mit „pädagogischer Spezialbetreuung“ (Hölter 2008, 97) versorgt wurden. In ihrem Film „Gute Freunde“ zeigt sie eindrücklich, wie Menschen mit unterschiedlichen Ausgangsbedingungen von gemeinsamen Bewegungsstunden profitieren können, in denen Spaß an den Bewegungen und der Zusammenarbeit im Vordergrund steht, wenn Heterogenität als Chance und nicht als Problem verstanden wird. In Kooperationen zwischen Regel- und Sonderschule, Kindergarten für Kinder mit Beeinträchtigungen sowie einer Ausbildungsstätte für junge Erwachsene mit Behinderungen wurden gemeinsame Stunden durchgeführt und Bewegungsanlässe zur Körper-, Raum-, Bewegungs- und Beziehungswahrnehmung in Kleingruppen und Partnerkonstellationen nach dem Co-Therapeuten Prinzip geschaffen. Diese Partnerkonstellation ist keinesfalls als subsidiäre, unterstützende oder pro-soziale Lernsituation gedacht, in welcher der Stärkere Hilfe leistet und „der ‚gemeinsame‘ Gegenstand […] einseitig durch die Wünsche und Anforderungen eines Hilfsbedürftigen definiert (wird).“ (Wocken 1998, 47). Im Sherborne-Konzept wird von der Bewegungsbeziehung ausgegangen, wie sie von Weichert mit Verweis auf Funke-Wieneke (1997) und Sherborne selbst definiert wird. Weichert (2008) spricht von einer Bewegungsbeziehung, wenn eine gemeinsam durchgeführte

Bewegungsaktivität zu einer wechselseitigen Beeinflussung der Bewegung führt, die auch im Sinne des Sherborne-Konzeptes als *aktiv-passiv-Rollenverteilung* denkbar ist. Die Anknüpfungsmöglichkeit an Bubers dialogisches Prinzip ist deutlich, auch wenn sich Weichert nicht explizit darauf bezieht.

Eine solche Bewegungsbeziehung steht im Sherborne-Konzept im Zentrum des Geschehens, da in der Mehrzahl der Aktivitäten Körper-, Raum-, Bewegungs- und Beziehungserfahrung im gemeinsamen Handeln ermöglicht werden. Diese sollen von allen Beteiligten als attraktiv, freudvoll und herausfordernd empfunden werden können, was nach Weichert wichtige Voraussetzungen für gelingende Bewegungsbeziehungen sind. Um gemeinsam agieren zu können, müssen sich die PartnerInnen aufeinander einlassen, was auch heißt, dass sie einander erspüren und soweit wie möglich ihre Bewegungen aufeinander abstimmen müssen. Es wird gemeinsam geschaukelt, gesprungen, gerollt und – wie im Film dokumentiert und im Beispiel eingangs beschrieben – viel gelacht. Die Freude aller Beteiligten an den gemeinsamen Aktivitäten ist zu sehen und zu hören. Manche Gesichtsausdrücke zeigen dabei allerdings nicht nur Freude und Spaß, sondern auch Stolz. Stolz auf die eigene Leistung. Einige TeilnehmerInnen scheinen stolz darauf zu sein, dass ihr Partner ihnen vertraut und dass sie die Herausforderung des Rückwärts Rollens mit ihrem Partner zwischen den Beinen meistern können. Andere wirken stolz, weil sie mit der Führung ihres Partners eine Rolle rückwärts geschafft haben. Jeder scheint diese gemeinsamen Aktivitäten auf eine individuelle Art und Weise zu genießen und davon zu profitieren. Im Sherborne-Konzept ist das Erleben der eigenen Kompetenz beider PartnerInnen im gemeinsamen Tun die Grundlage, auf welcher das Co-Therapeuten Prinzip, das sich für inklusive Gruppen in besonderem Maße eignet, basiert. Der Weg zum Erleben dieser Kompetenz ist die gemeinsame Bewältigung einer spielerischen, herausfordernden und Freude bringenden Bewegungsaktivität in einer Bewegungsbeziehung, wie sie von Weichert zur Umsetzung eines wirklichen Miteinanders gefordert wird. Das Sherborne Konzept weist einige inklusionsförderliche Aspekte auf:

- Bewegungsbeziehungen werden unter Beachtung einer stimmigen Regulierung von Nähe und Distanz ermöglicht, in welchen tatsächliche und körperliche Begegnung entsteht.
- Das für die Ausführung der Bewegungsaktivitäten notwendige Einlassen auf Wechselseitigkeit ist ein ‚Garant' für wirkliche Interaktion.
- In Partner- und Gruppenkonstellation im Sinne einer Bewegungsbeziehung werden gemeinsam Aktivitäten gestaltet und Herausforderungen bewältigt.

- Die offenen und bewegungsintensiven Aktivitäten vermitteln individuell Spaß und Freude.
- Alle Teilnehmenden sollen sich aktiv und nach eigenen Möglichkeiten einbringen.
- Jeder kann sich individuell herausgefordert fühlen und als erfolgreich erleben.
- Leistung wird im intraindividuellen Vergleich erzielt.
- Für alle Beteiligten werden Entwicklungsmöglichkeiten eröffnet, nicht nur für die Menschen mit Behinderungen.

Über den bewegungs- und sportpädagogischen Kontext hinaus lässt sich das Sherborne-Konzept auch hervorragend in anderen pädagogischen Feldern für inklusive Angebote einsetzen, zum Beispiel in beziehungsfördernden Eltern-Kind-Gruppen (Friedrich / Welsche 2017). Sherborne dokumentiert in ihrem Film „Eine Frage des Vertrauens" ihre Arbeit mit Eltern und Kindern. Inklusiv gedacht können heterogene Eltern-Kind Gruppen, beispielsweise in Kinder- und Familienzentren, oder Turnvereinen, in welchen Eltern mit Kindern mit und ohne Behinderung und Familien aus anderen Kulturen, zusammenkommen, nicht nur beziehungsunterstützende Angebote bieten, sondern auch ein wertschätzendes Erleben von Vielfalt vermitteln.

Zusammenfassung

Sherborne hat bereits lange vor der UN-Behindertenrechtskonvention gezeigt, wie gut Bewegungsstunden mit heterogenen Gruppen gelingen können. Die Verknüpfung mit Weicherts Position zu Bedingungen inklusiver Bewegungsangebote, die deutliche Parallelen zu den Gestaltungsmerkmalen des Sherborne-Konzeptes zeigen, belegt auch auf theoretischer Ebene, welche Chancen sich mit dem Sherborne-Konzept für die Umsetzung inklusiver Settings bieten.

2.2 Eine beziehungsorientierte Perspektive

Zwischenmenschliche Begegnungen in der unmittelbarsten Form, dem Körperkontakt, werden im Sherborne-Konzept angeboten und gefördert. Sherborne leitete die Grundannahme, dass Menschen in der Lage sein müssen, Beziehungen zu gestalten, von ihren eigenen Erfahrungen als Mutter und Pädagogin ab. Durch Bewegungsaktivitäten zu den drei Beziehungsdimensionen *Füreinander, Gegeneinander* und *Miteinander* wird den TeilnehmerInnen

Gelegenheit gegeben, elementare Beziehungserfahrungen zu machen, die auch korrigierend oder kompensierend wirken können, um sozial kompetente Verhaltensweisen zu entwickeln.

Zu einer Anreicherung entlang des Gegenstands „Beziehung“ gehe ich in einem ersten Schritt auf philosophisch-anthropologische Aspekte zur Begründung einer beziehungsorientierten Förderung ein. Die Überlegungen zum Menschenbild von Buber bilden eine tragfähige Basis der Argumentation für eine beziehungsorientierte Bewegungspädagogik wie sie das Sherborne-Konzept darstellt.

Anschließend stelle ich entwicklungspsychologische Aspekte vor. Hier ergeben sich verschiedene Anknüpfungsmöglichkeiten zu den grundlegenden Annahmen des Konzeptes. Ich beschränke mich in meinen Überlegungen auf Ansätze der Psychomotorik, welche sich bereits auf entwicklungspsychologische Theorien beziehen und Hinweise darauf geben, dass unterschiedliche Formen von Beziehungserfahrungen für die Entwicklung des Menschen über die Lebensspanne hinweg bedeutsam sind. Diese Perspektive hat mich persönlich sehr geprägt, da ich an der Universität Dortmund bei Gerd Hölter „groß“ geworden bin. Früh habe ich bei ihm den Blick über die für mich zum damaligen Zeitpunkt eher an Kompetenzen orientierte Psychomotorik hinaus in eine psychotherapeutische und im engeren Sinne bewegungstherapeutisch – analytische Richtung eröffnet bekommen. Ein Blick, der für mich wegweisend war. Die ausgewählten psychomotorischen Ansätze von Seewald (2007), Hammer (1995) und Haas (1999) haben gemeinsam, dass sie einen bereits von Hölter 1984 publizierten Grundgedanken aufnehmen. In seinem Beitrag greift er auf Überlegungen aus der Körpertherapie (Becker 1981) zurück und verdeutlicht den engen Zusammenhang zwischen entwicklungspsychologischen Themen und Bewegungsverhalten. Anhand entwicklungspsychologisch – psychoanalytischer Modelle zeigt er auf, dass Bewegungsauffälligkeiten nicht nur als funktionelle Störung, sondern auch als Bedeutungsphänomen verstanden werden können.

Philosophisch-anthropologische Aspekte

Die Annahme der besonderen Bedeutung von Beziehungserfahrungen für die Entwicklung des Menschen bildet sich in Martin Bubers philosophisch-anthropologischen Überlegungen zum personalistischen Menschenbild besonders eindrücklich ab. Bubers (1979, 37) Aussage „Der Mensch wird am Du zum Ich“ beschreibt seinen Grundgedanken zum dialogischen Prinzip. Der Mensch hat den Wunsch nach Verbundenheit und braucht die Begegnung mit Anderen.

Diese Begegnung sieht Buber als Dialog, der von Anteilnahme und Gegenseitigkeit geprägt sein soll. Nur im sozialen Austausch, in welchem beide Partner aufeinander einwirken, kann der Mensch sich als personales Wesen selbstverwirklichen und als eigene Einheit finden. Flosdorf (2009, 18) formuliert:

> *„Das in seinem Wesen begründete Aufeinanderbezogensein von Ich und Du ist die existentielle Basis für die seelische Entfaltung und Differenzierung."*

Sein Modell der „Heilpädagogischen Beziehungsgestaltung" (Flosdorf 2009) basiert auf Bubers dialogischem Prinzip, nach dem pädagogisches Handeln dann wirksam werden kann, wenn es die Erfahrung der Gegenseite ermöglicht. Die Grundgedanken dieses Modells formulierte Flosdorf (1988) bereits in einer früheren Publikation zur Heimerziehung und es ist sicher kein Zufall, dass er neben dem Modell der „Heilpädagogischen Beziehungsgestaltung" gemeinsam mit dem Sportwissenschaftler Rieder das heilpädagogische Konzept des „Spielsports" (Flosdorf 1988, Flosdorf/Rieder 1967) entwickelte. Durch dieses sollten Beziehungsprobleme der Kinder über Erfahrung im gemeinsamen Bewegen erkannt und mithilfe das heilpädagogischen Beziehungsangebotes des begleitenden Pädagogen, das auf Bubers Menschenbild basiert, bearbeitet werden können. Demnach betrachtete Flosdorf Bewegung bereits in den 1970er Jahren als besonders wirksames Medium, um psychosoziale Lernerfahrungen zu ermöglichen.

Im Sherborne-Konzept wird Begegnung und die Erfahrung der Gegenseitigkeit sowohl zwischen den TeilnehmerInnen als auch zur AnleiterIn ermöglicht. Diese übernimmt sowohl als potentielle PartnerIn als auch als Gruppenleitung eine wichtige Funktion in der Vermittlung und Steuerung von Beziehungserfahrungen.

Entwicklungspsychologisch-psychomotorische Aspekte

Die Bedeutung von Beziehungserfahrungen für die Entwicklung der Fähigkeit, Beziehungen konstruktiv zu gestalten, zeigt sich über die Lebensspanne. Als soziales Wesen lebt der Mensch im Kontakt zu und in der Abhängigkeit von anderen Menschen.

Die Entwicklungsaufgaben nach Harvighust, wie sie von Oerter/Montada (1998) zusammengefasst wurden, zeigen, dass die erfolgreiche Gestaltung sozialer Kontakte und Beziehungen eine immer wieder neu zu bewältigende Aufgabe darstellt, die sich in verschiedenen Altersstufen durch biologische, sozio-kulturelle und psychische Einflüsse ergibt. Auch in der Theorie zur psychosozialen Entwicklung des Psychoanalytikers Erikson (1973) ist herauszulesen, dass der Mensch Fähigkeiten entwickeln muss, Beziehung zu anderen herzustellen, um die Anforderungen sozialer Situationen, die sich über die Lebensspanne in Familie, Partnerschaft, im Beruf und zu Freunden ergeben, meistern zu können.

Auf Hölters Grundgedanken aufbauend, wurden in der Psychomotorik entwicklungspsychologische Erkenntnisse bereits als theoretisches Fundament herangezogen. Seewald (2007) hat in seiner Auseinandersetzung mit den entwicklungstheoretischen Hintergründen des verstehenden Ansatzes symbolische Echos als Leib- und Bewegungsthemen einzelner Altersgruppen über die Lebensspanne abgeleitet. Hammer (1995) fasst anhand von Eriksons Modell bewegungsorientierte Aktivitäten im Kindesalter zusammen, während sich Haas (1999) zur Begründung einer angewandten Motologie des Erwachsenenalters insbesondere an Kegan (1994) orientiert. Dieser erläutert in seinem Modell der Entwicklungsstufen des Selbst, dass der Mensch sein Leben zwischen den Polen Unabhängigkeit und Zugehörigkeit lebt.

Für eine theoretische Anreicherung des Sherborne-Konzeptes bieten diese drei Ansätze besonders fruchtbare Anregungen, da Leib- und Bewegungsthemen herausgearbeitet wurden, von denen sich einige sehr gut mit den Beziehungsdimensionen des Sherborne-Konzeptes verknüpfen lassen.

In der Tabelle 6 werden beziehungsorientierte Entwicklungsaufgaben nach Harvighurst (Oerter/Montada 1998) (H) und Entwicklungsthemen nach Erikson 1973 (E) in der ersten Spalte abgebildet. In der zweiten Spalte werden Leib- und Bewegungsthemen von Hammer 1995 (Hm), Haas 1999 (Ha) und Seewald 2007 (S) aufgegriffen, die in einem Zusammenhang zum Gegenstand „Beziehung“ stehen. Die Zuordnung der Beziehungsdimensionen erfolgt in der dritten Spalte. In den folgenden Abschnitten werden die Beziehungsthemen der einzelnen Altersstufen und der Zusammenhang zu den Beziehungsdimensionen nach Sherborne erläutert.

Von der Frühen Kindheit bis zum Schulkindalter: Im *Kleinstkindalter* stellt die Bindung an eine Bezugsperson eine zentrale Aufgabe in der Entwicklung dar. Der Säugling ist auf die Zuwendung der Bezugsperson angewiesen und übernimmt im Aufbau der Beziehung eine aktive Rolle. Er initiiert Interaktion, kann sie aufrechterhalten und abbrechen. Wie in Eriksons Stufenmodell dargestellt, sollte das Kind im ersten Lebensjahr durch die fürsorgliche Zuwendung der Bezugsperson lernen, Vertrauen aufzubauen und anderen entgegenzubringen. Hier zeigt sich die Bedeutsamkeit von *Füreinander-Situationen,* wie sie im Sherborne-Konzept beschrieben werden. Seewald (2007, 58)

Tab. 6: Entwicklungsaufgaben, Bewegungsthemen und Beziehungsdimensionen

Altersgruppe	Entwicklungspsychologische Themen	Leib und Bewegungsthemen	Bez.-Dimensionen Sherborne
Kleinst- und Kleinkinder	Familien- und Personenbindung (H) Vertrauen vs. Misstrauen (1. J.),	(Vertrauen, Wärme, Energie etc. [Anm. MW]) gespendet bekommen, behutsam geschaukelt und gewiegt werden (S) Gehalten werden, Körperkontakt suchen, schaukeln und schwingen, sich fallen lassen (Hm)	„Füreinander“
	Autonomie vs. Zweifel u Scham (2.–3. J) (E)	Machen können, trotzen und sich-lösen (S) Raufen und balgen, Fangspiele (Hm)	„Gegeneinander“
Vorschul- und Schulkinder	soziale Integration in die Gleichaltrigengruppe, soziale Kooperation (H) Initiative vs. Schuldgefühl (4.–5. J.) (E) Werksinn vs. Minderwertigkeitsgefühl (6. J.– Jugendalter) (E)	Kampf, Eroberungs- und Überwindungsspiele, Wettkampfspiele (S) Wettkämpfe, Kämpferische Rollenspiele (Hm) Kooperative Spiele, Regelspiele (S) Kämpferische Rollenspiele (Hm)	„Gegeneinander“ „Miteinander“ „Füreinander“ „Gegeneinander“
Jugendliche	Gemeinschaft mit Gleichaltrigen, erste Beziehungen, Autonomie, Ablösung vom Elternhaus, Identität (H) Identität vs. Identitätsdiffusion – 20. J. (E)	Nähe und Distanzerfahrungen (S)	„Füreinander“ „Gegeneinander“ „Miteinander“
Erwachsene	Partnerschaft, Familie, Beruf (H) Intimität und Solidarität vs. Isolierung (frühes Erwachsenenalter) (E) Generativität vs. Selbstabkapselung (mittleres Erwachsenenalter) (E)	Geben und Nehmen, sich-lösen und sich-verbinden, sich in die Gruppe einfügen und sich abgrenzen, seine Balance mit einem Partner finden (S), festhalten und loslassen, Platz nehmen und Platz geben (S) U. a. Widerstand leisten, sich führen lassen, führen (Ha)	„Füreinander“ „Gegeneinander“ „Miteinander“
Senioren	Energien auf neue Rollen lenken (H) Integrität vs. Verzweiflung (reifes Erwachsenenalter) (E)	In-Beziehung-sein bzw. -bleiben, sich fordern und neue Herausforderungen annehmen (S)	„Füreinander“ „Gegeneinander“ „Miteinander“

schildert zum Aufbau des Urvertrauens in dieser Altersstufe u. a. „Situationen des Gespendet-Bekommens (z. B. Massagen) ohne Gegenleistung“ und auch „Situationen des behutsamen Geschaukelt- und Gewiegtwerdens“. Diese Situationen entsprechen der grundlegenden Charakteristik von Bewegungsaktivitäten zur *Füreinander-Dimension*. Hammer (1995, 133) betont zusätzlich den Körperkontakt und das „sich fallen lassen“, welches mit der Erfahrung des freien Bewegungsflusses nach Laban einhergeht. Die Bedeutung der fürsorglichen Zuwendung durch die Bezugsperson wurde u. a. mit Entwicklung der Bindungstheorie (Grossmann / Grossmann 2015) aufgezeigt. Siegler et al. (2016, 342) fassen mit Verweis auf Erikson und Erkenntnissen aus Forschung zur Bindungstheorie zusammen:

> *„Hat sich die Fähigkeit, anderen ein angemessenes Vertrauen entgegen zu bringen, nicht entwickelt, so wird es dem Individuum im späteren Leben schwerfallen, enge, vertraute Beziehungen zu gestalten“.*

Bewegungsaktivitäten zum *Füreinander* bieten wichtige Beziehungserfahrungen, welche die Entwicklung von Vertrauen in Andere begünstigen. Dies stellt eine bedeutende Entwicklungsaufgabe dar, deren Bewältigung Einfluss auf die Beziehungskompetenz über die Lebensspanne hat.

Eine Herausforderung des *Kleinkindalters* besteht darin, Autonomie aufzubauen und sich gleichzeitig den Anforderungen des sozialen Umfeldes zu stellen. Um das zweite Lebensjahr steht das Kind im Spannungsfeld zwischen dem Bedürfnis nach Individualisierung und Gemeinschaft. Mit der Entwicklung des Selbst und den zunehmenden Fähig- und Fertigkeiten beginnt das Kind, seine Wünsche durchsetzen zu wollen. Selbstbehauptung und Autonomiebestrebungen führen zu Grenzerfahrungen, aber auch zur Vergewisserung der eigenen Person und der eigenen Kompetenzen. Seewald (2007, 65) beschreibt u. a. „das Machenkönnen“ und „das Trotzen und Sich-Lösen“ als symbolisches Echo dieser Zeit. Hammer (1995, 133) benennt Rauf- und Fangspiele als bewegungsorientierte Themen. Auf die Beziehungsdimensionen übertragen zeigt sich hier die Bedeutsamkeit des *Gegeneinanders*, wie es im Sherborne-Konzept angeboten wird. Hier geht es keinesfalls um eine wettbewerbsorientierte Auseinandersetzung zwischen zwei Personen, sondern um eine kämpferische Begegnung mit dem Ziel der Individuation und des Autonomie- wie Kompetenzerlebens. Kinder zeigen in diesem Alter allerdings auch *Füreinander-Verhaltensweisen*, in welchen sie andere versorgen wollen und stolz sind, wenn dies angenommen wird. Das Potential der *Füreinander-Beziehung* im Rollenwechsel zeichnet sich ab, so dass Kinder nicht nur selbst Unterstützung erleben, sondern auch ihre Kompetenz in der Unterstützung anderer erfahren.

Im *Vorschul- und Schulkindalter* müssen Kinder in der Lage sein, sich in die Gleichaltrigengruppe zu integrieren, zu kooperieren und Freundschaften zu gestalten. Spätestens mit Eintritt in den Kindergarten werden sie aufgefordert, sich mit anderen auseinanderzusetzen. Sie wollen in der Regel miteinander spielen und lernen in dieser Zeit, sich für ihre Bedürfnisse und Themen einzusetzen, aber auch diese zugunsten des Kontaktes zu Gleichaltrigen und des gemeinsamen Spieles zurückzustellen und Kompromisse einzugehen. Kampf-, Eroberungs- und Überwindungsspiele, die im Sinne der Individuation und des Kräftemessens zu verstehen sind, wechseln mit kooperativen Spielen und Rollenspielen. In diesem Alter entwickeln Kinder die Fähigkeit, nicht nur *Füreinander* und *Gegeneinander,* sondern auch *Miteinander* zu agieren.

Für die Auseinandersetzung mit den Beziehungsdimensionen hebt Dirjack (1998) das Modell der Psychoanalytikerin Magaret Mahler hervor. Dieses gilt heute als überholt, auch wenn Gergely (2002) mit Rückgriff auf die kognitive Entwicklungstheorie aufzeigen kann, dass es für die Erforschung der frühkindlichen Entwicklung nach wie vor als relevant angesehen werden sollte.

Zusammenfassung

Die Fähigkeit, Beziehung zu gestalten entwickelt sich in der frühen Kindheit bis zum Schulalter. Die *Füreinander-Beziehungen* zeigen sich in der frühen Kindheit als dominante Beziehungsdimension, da das kleine Kind Versorgung und Unterstützung durch die Bezugsperson einfordert und erfährt. Mit der Entwicklung des Selbst und der zunehmenden Handlungsfähigkeit werden Beziehungen im *Gegeneinander* aufgenommen. Das Kind strebt nach Autonomie und Kompetenzerleben. Es versucht seine eigenen Ideen und Wünsche auch gegen die Bezugsperson durchzusetzen. Phasen des *Füreinander* und *Gegeneinander* wechseln ab. Mit zunehmendem Alter beginnt das Kind *Miteinander-Beziehungen* zu initiieren, d.h. es lernt gemeinsam zu spielen und zu agieren und dabei auf den Anderen Rücksicht zu nehmen sowie eigene Bedürfnisse einzubringen. Zum Ende des Grundschulalters sollten Kinder in der Lage sein, Beziehungen in allen drei Dimensionen zu gestalten und über umfassende Strategien des Sozialverhaltens verfügen.

Vom Jugendalter bis zum späten Erwachsenenalter: Das zentrale Thema des *Jugendalters* besteht in der Identitätsentwicklung. Die Beziehungsthemen dieser Altersgruppe zeigen sich, besonders im Zuge der Autonomieentwicklung, in der Ablösung vom Elternhaus, in den Erfahrungen mit ersten intimen

Beziehungen und in der Bedeutsamkeit, Teil einer Gemeinschaft zu sein. Seewald (2007, 77) sieht in dieser Altersgruppe u. a. das Thema „Nähe- und Distanzerfahrungen". Jugendliche lernen sich gegen ihre Eltern durchzusetzen und sich unabhängig(er) zu machen. Die Beziehungsdimension des *Gegeneinander* im Sherborne-Verständnis wird deutlich. Eltern, die die Rolle eines liebevollen Gegenübers übernehmen, das an den richtigen Stellen dagegenhält oder nachgibt, unterstützen die Jugendlichen in diesem Prozess. Sie ermöglichen eine konstruktive Ablösung ohne die Beziehung zu gefährden. Mit den ersten intimen Beziehungen und in der Gemeinschaft der Gleichaltrigen brauchen Jugendliche die Fähigkeit, zu vertrauen, zu kooperieren und Verantwortung für andere zu übernehmen. Diese Fähigkeiten auch für die Bewältigung sozialer Situationen in der Ausbildung oder im Studium notwendig. Demnach ist in diesem Alter die Kompetenz, Beziehung in allen Dimensionen zu gestalten, für die Bewältigung der Entwicklungsaufgaben hoch relevant.

Die Altersgruppen des *frühen und mittleren Erwachsenenalters* fasse ich zusammen, da die Entwicklungsaufgaben je nach Lebenssituation variieren und heute keiner konkreten Altersspanne mehr zugeordnet werden können. Ein bedeutsames Merkmal auch dieser Altersgruppe liegt in der Balance zwischen dem Bedürfnis nach Autonomie und nach Nähe und Gegenseitigkeit, welche sich bereits im Schulkind und Jugendalter zeigt (Freund / Nikitin 2012). Krampen und Reichle (2008, 338) stellen zusammenfassend fest:

> *„Insgesamt dominiert die Einordung des frühen Erwachsenenalters als Zeit der Beziehungs- und Verantwortungsübernahme."*

Im direkten Zusammenhang zum Thema „Beziehung" können die folgenden von ihnen formulierten Aufgaben gesetzt werden: Die Ablösung vom Elternhaus und die zunehmende Autonomie und Selbstverantwortung. Auch die Aufgaben der Ausbildung und Berufstätigkeit, Partnerwahl, Kinderwunsch und Elternschaft, befriedigende Freizeitgestaltung mit erfüllenden sozialen Beziehungen zu Freunden begründen die Bedeutsamkeit der Fähigkeit, Beziehung in den drei Dimensionen zu gestalten, ab. In Seewalds (2007, 80; 83) Themenübersicht zeigen sich diese Dimensionen deutlich in den Schlagworten „Geben und Nehmen, Sich-Lösen und Sich-Verbinden, sich in die Gruppe einfügen und sich abgrenzen, seine Balance mit einem Partner finden" zum frühen Erwachsenenalter sowie „Festhalten und Loslassen, Platz nehmen und Platz geben" im mittleren Erwachsenenalter. Auch Haas' (1999) thematische Orientierung von Bewegungsangeboten im Spannungsfeld zwischen Zugehörigkeit und Unabhängigkeit bildet Inhalte für Erwachsene zu allen drei Beziehungsdimensionen ab.

Im *späten Erwachsenenalter* besteht die herausragende Entwicklungsaufgabe darin, das eigene Leben zu akzeptieren und die Energien auf neue Rollen und Aufgaben zu lenken. Seewald (2007, 85) spricht davon, dass das Thema „Autonomie vs. Anhängigkeit" auch in diesem Alter von Bedeutung ist. Senioren müssen sich oft erst daran gewöhnen, auf die Unterstützung anderer angewiesen zu sein. Auf der Beziehungsebene reduzieren sich die sozialen Kontakte, allerdings bleibt die Qualität der engen Beziehungen bestehen (Martin 2007). Motologisch relevante Themen dieser Altersgruppe, die auf die Bedeutsamkeit von Angeboten zu den drei Beziehungsdimensionen hinweisen, formuliert Seewald (2007, 86) wie folgt: „in-Beziehung-sein bzw. –Bleiben, Sich Fordern und neue Herausforderungen annehmen".

Zusammenfassung

Bei Betrachtung der Entwicklungsaufgaben und -themen zwischen Jugend- und spätem Erwachsenenalter wird deutlich, dass die Fähigkeit Beziehung im *Füreinander*, *Gegeneinander* und *Miteinander* zu gestalten nun bereits Voraussetzung ist, um die Balance zwischen Autonomie und Zugehörigkeit, sowie die relevanten Herausforderungen dieser Lebensspanne zu bewältigen.

Zum Co-Therapeuten-Prinzip: Einen grundsätzlich anderen Zugang zur Bedeutung von Beziehungserfahrungen für die Entwicklung junger Menschen zeigt der Psychologe Wygotski (1987) mit seiner sozio-kulturellen Theorie. Er vertritt die Auffassung, dass es für die Entwicklung psychischer Strukturen und kognitiver Fähigkeiten Interaktionen mit erfahrenen und kompetenteren Personen braucht. In diesen Interaktionsprozessen nimmt die kompetentere Person eine aktive und führende Rolle ein und begleitet die Kinder im Wissenserwerb in der Zone der proximalen Entwicklung, d. h. zu dem durch Unterstützung zu erreichenden Entwicklungsstand, welche zwischen dem tatsächlichen und dem potentiellen Entwicklungsstand liegt. Durch die Hilfestellung der kompetenteren Person werden anstehende Entwicklungsschritte und Lernprozesse angestoßen und begleitet. Somit braucht es nicht nur ein entwicklungs- und lernförderliches Umfeld an Raum und Material, sondern auch Begleitung und Anleitung. In Abgrenzung zu Piaget bezeichnet Wygotski

> *„Kinder als soziale Wesen, deren Schicksal aufs Engste verwoben ist mit dem anderer Menschen, die sich darum bemühen, ihnen beim Erwerb von Fähigkeiten und Kenntnissen zu helfen" (Siegler et al., 2016, 227).*

Diese Form der Interaktion ist nach Wygotski Voraussetzung für die Internalisierung der Lerngegenstände.

Im Sherborne-Konzept stellt das Co-Therapeuten-Prinzip ein besonderes didaktisches Merkmal dar. Eine reifere Person unterstützt hier eine weniger reifere. Auch wenn sich Wygotskis Überlegungen auf die Altersgruppe der Klein- und Vorschulkinder beziehen, bieten sie eine theoretische Basis, um sich mit der Bedeutung dieses Prinzips theoretisch fundiert auseinander zu setzen.

2.3 Das Selbstkonzept als integrierendes Element

Wie Menschen handeln, welche Ziele sie sich stecken, ob sie sich Herausforderungen stellen oder diese lieber vermeiden und wie sie in Beziehung treten, hängt maßgeblich von ihrem Selbstkonzept ab. Ein positives Selbstkonzept zeigt sich vor allem in der Überzeugung, Herausforderungen bewältigen zu können, was einen der Resilienzfaktoren darstellt (Fröhlich-Gildhoff et al. 2016), aber auch in der allgemeinen Zufriedenheit mit sich selbst. Damit gilt ein stabiles und positives Selbstkonzept als wichtige psychosoziale Gesundheitsressource und ist ein bedeutsames Ziel pädagogischer Angebote über die Lebensspanne. Die folgenden Erläuterungen zum Selbstkonzept beziehen sich vor allem auf Quellen von Zimmer (2012), Wagner/Alfermann (2006) und Stiller/Alfermann (2008), die sich mit dem Selbstkonzept im Zusammenhang mit Bewegung und Sport befasst haben.

DEFINITION

Selbstkonzept bedeutet: „Gesamtheit der auf die eigene Person bezogenen Beurteilungen und Bewertungen eines Individuums, also die Gesamtheit der Einstellungen zu sich selbst" (Mummendey 2006, 7).

Das Selbstkonzept bildet sich im Kindesalter und wird über die Lebensspanne durchgehend aktualisiert. Das globale Selbstkonzept gilt mit Eintritt in das Erwachsenenalter als relativ stabil. Allerdings wird es durchgehend den Erfahrungen und Veränderungen angepasst und ist somit in allen Altersgruppen Thema.

In den Sportwissenschaften wird von einem hierarchischen und mehrdimensional strukturierten Modell ausgegangen (Abb. 12). Auf der obersten Ebene steht das globale Selbstkonzept. Dieses kann in

a. das Selbstbild als die Beschreibung neutraler Merkmaler der Person und
b. das Selbstwertgefühl als Bewertung dieser Merkmale unterschieden werden.

Auf der zweiten Ebene des Modells erfolgt die Unterscheidung zwischen dem akademischen und nicht-akademischen Selbstkonzept. Für die vorliegenden Überlegungen ist das nicht-akademische Selbstkonzept relevant, welches in die Dimension des sozialen, emotionalen und physischen Selbstkonzepts unterteilt wird. Aktivitäten, wie sie im Sherborne-Konzept angeboten werden, vermitteln Erfahrungen zu allen drei Bereichen.

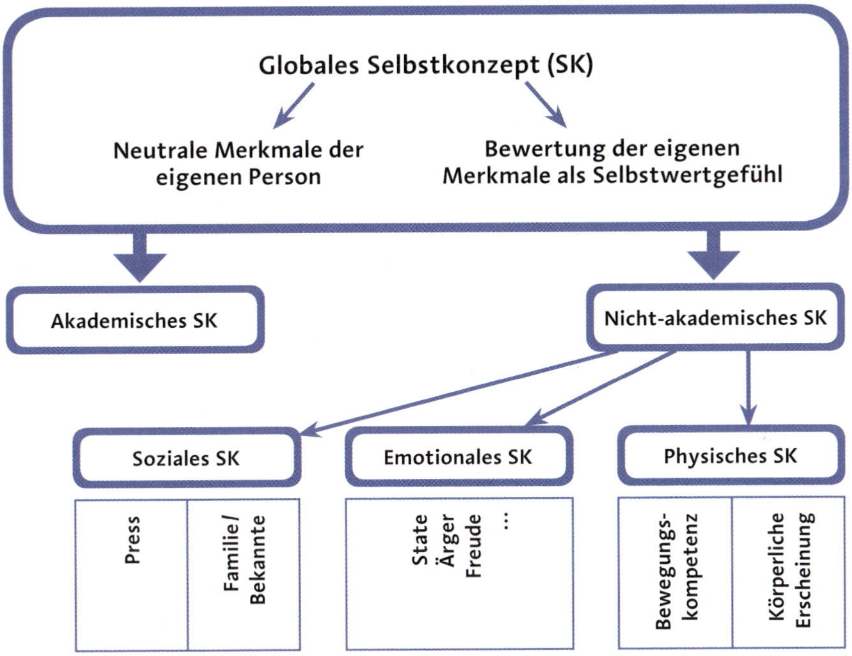

Abb. 12: Übersicht zur Struktur des nicht-akademischen Selbstkonzeptes (angelehnt an Alfermann / Stiller 2003)

Informationen zur Bildung des Selbstkonzeptes entstehen durch

- Prozesse der Selbstwahrnehmung, über die Sinnessysteme, Selbstwirksamkeitserfahrungen und Folgerungen aus den Vergleichen mit Anderen und
- durch Rückmeldungen aus dem sozialen Umfeld.

Körper-, Bewegungs- und Beziehungserfahrungen, wie sie in den Sherborne-Aktivitäten geboten werden, stellen grundlegende Informationsquellen zur Entwicklung und Aktualisierung des Selbstkonzeptes dar. Durch die verschiedenen Aktivitäten erfahren sich die TeilnehmerInnen in Bewegung und im Kontakt zu Anderen. Sie können und sollen selbst tätig werden und ihre Selbstwirksamkeit, die als Voraussetzung für Veränderungen des Selbstkonzeptes gilt, erleben. Verlaufen die Stunden in der wohlwollenden und unterstützenden Atmosphäre, wie sie in den Prinzipien beschrieben wird, bekommen die TeilnehmerInnen die Möglichkeit, Erfolg und Anerkennung zu erfahren und ihre motorischen und sozialen Fähigkeiten und Fertigkeiten wahrzunehmen und zu bewerten. Diese Erfolgserlebnisse können bei positiver Attribuierung im Selbstkonzept verankert und im günstigen Fall korrigierend zu vorherigen negativen Erlebnissen wirken.

Forschung zum Zusammenhang von Selbstkonzept und physischer Aktivität konnten zeigen, dass das Selbstkonzept durch Bewegung verbessert werden kann und sportliche Erfolgserlebnisse ein positives Selbstkonzept begünstigen. Auch wenn die Aktivitäten aus dem Sherborne-Konzept nicht als sportliche Betätigung im engeren Sinne verstanden werden können, lassen die Ergebnisse den Schluss zu, dass sie Auswirkungen auf das Selbstkonzept haben können. Besonders deutliche Effekte auf das Selbstwertgefühl zeigten sich bei positiv erlebten physischen Aktivitäten bei Kindern, Jugendlichen und älteren Erwachsenen. Allgemein scheint sich abzubilden, dass Personen mit vorher negativer Einschätzung zum Selbstwert und Körperbild in hohem Maße von physischen Aktivitäten im Sinne einer Selbstwertsteigerung und positiver Effekte auf das Selbstkonzept profitieren.

Zimmer (2012) und Wagner/Alfermann (2006) geben folgende Empfehlungen, wie die Entwicklung eines positiven Selbstkonzeptes gefördert werden kann:

- breite Übungsgelegenheiten zum Erleben des Körpers in Bewegung, der eigenen Kompetenz und Leistungsfähigkeit, der Ausdrucksfähigkeit und sozialer Aspekte,
- Eigenaktivität und Selbsttätigkeit fördern,
- Selbstwirksamkeitserfahrungen ermöglichen,
- große Handlungsspielräume ermöglichen,
- vielfältige Rückmeldungen,
- erreichbare Aufgaben und Ziele, die umgehend zu Erfolgserlebnissen führen,
- positive Bekräftigungen, Wertschätzung, Lob und Ermunterung durch AnleiterIn und Gruppenmitglieder,

- Atmosphäre von Sicherheit und Akzeptanz herstellen und
- individuelle Einschätzung statt Vergleiche mit Anderen.

Die Ähnlichkeit dieser Hinweise mit den formulierten Prinzipien ist deutlich und weist darauf hin, dass nicht nur die Inhalte des Sherborne-Konzepts, sondern auch die Gestaltung der Stunden die Förderung eines positiven Selbstkonzeptes unterstützt kann.

Zusammenfassung

Das Selbstkonzept bildet einen einflussreichen Eckpfeiler der menschlichen Entwicklung, da es einen elementaren Einfluss auf die sozialen Beziehungen, das Leistungsverhalten und die Lebensbewältigung hat. Positiv erlebte Bewegungsaktivitäten haben einen positiven Einfluss auf das Selbstkonzept. Menschen mit einem niedrigen Selbstwert und einem negativen Körperbild profitieren in besonderem Maße. Bewegungsstunden nach dem Sherborne-Konzept eröffnen Möglichkeiten, positive Erfahrungen zur Stärkung des Selbstkonzeptes zu machen.

2.4 Förderung nach dem Sherborne-Konzept über die Lebensspanne und bei verschiedenen Zielgruppen

Sherborne selbst hat in erster Linie mit Kindern, Jugendlichen und jungen Erwachsenen mit Beeinträchtigungen gearbeitet. Grundsätzlich können alle Menschen, die im pädagogischen Kontext begleitet werden, von Bewegungsstunden nach dem Konzept profitieren, allerdings sind je nach Alter und Beeinträchtigung der TeilnehmerInnen unterschiedliche Aspekte besonders bedeutsam.

Für das *Kindesalter* liegt die Relevanz von Bewegungs- und Beziehungserfahrungen auf der Hand. Vom Säugling bis zum Schulkind bilden die Entwicklung von Bewegungs- und Beziehungskompetenzen, und damit einhergehend des Selbstkonzeptes, Kernaufgaben dieser Altersspanne. Anders als Jugendliche und Erwachsene müssen Kinder ihr Bewegungsrepertoire erst entwickeln und emotional-sozial angemessene Verhaltensweisen lernen. Die motorische und emotional-soziale Entwicklung ist dabei eng verknüpft mit den anderen Entwicklungsbereichen, wie der Kognition und der Sprache. Mit Fischer (2009, 57) kann Bewegung als „Schlüssel zum Kind (gesehen werden), da in Handlungssituationen ein freudvoller Zugang zum Kind gefunden werden kann." Für Kinder mit und ohne Einschränkungen stellt eine beziehungsorientierte Bewegungspädagogik nach dem Sherborne-Konzept grundsätzlich ein entwicklungs- und altersangemessenes Angebot dar.

Im *Jugendalter* kann davon ausgegangen werden, dass das Bewegungsrepertoire und die emotional-soziale Kompetenz hinreichend entwickelt sind. Allerdings unterliegt die Zeit der Adoleszenz tiefgreifenden Veränderungsprozessen, die mit dem Überbegriff „Identitätsbildung" zusammengefasst werden können und die Klärung der Frage „Wer bin ich?" ins Zentrum setzen. Der Körper verändert sich. Die Jugendlichen übernehmen neue Rollen in der Gesellschaft. Es findet eine Ablösung von den Eltern und eine deutliche Hinwendung zur Peergroup, auch mit Interesse an intimen Beziehungen, statt. Mit den Veränderungen der Körperproportionen werden Themen der Bewegungssteuerung und —kontrolle wieder aktuell, vor allem aber Themen des Selbst- und Körperbildes. Die Chance einer bewegungs- und beziehungsorientierten Unterstützung liegt in der Möglichkeit, den eigenen ‚neuen' Körper wahrzunehmen und die Veränderungen, wie auch die Reaktionen der anderen Menschen darauf, in das Selbstbild zu integrieren. Im Jugendalter wird der körperlichen Attraktivität und dem sportlichen Können eine große Bedeutung zugeschrieben. Anders als im Sportunterricht oder im Sportverein, wo oft der Leistungsaspekt im Vordergrund steht, bietet ein bewegungs- und beziehungsorientiertes Angebot die Möglichkeit, sich und seinen Körper spielerisch und ohne Leistungsdruck im Kontakt mit anderen zu erleben. Auch die im Jugendalter hochaktuelle Ambivalenz zwischen Zugehörigkeitsbedürfnis und Individuation kann unter dem Beziehungsaspekt gut aufgegriffen werden.

Erwachsene ohne Beeinträchtigung sind seltener Klientel entwicklungsfördernder Angebote, es sei denn das Angebot bezieht den Gesundheitsaspekt und die Auseinandersetzung mit den Entwicklungsthemen des Erwachsenenalters mit ein, wie beispielweise bei Haas et al. (2014) in ihrem Konzept der Motopädagogik für Erwachsene.

Um die 1990er Jahre hat Georg Hill, ein Schüler Sherbornes, der gemeinsam mit seiner Frau Cindy die Sherborne-Foundation in England gegründet hat, das Konzept bereits in der Arbeit mit älteren Menschen eingesetzt. Im *Seniorenalter* besteht der Ausgangspunkt unterstützender Angebote weniger im Entwicklungs- als im Erhaltungsgedanken. Der Blick wird auf vorhandene Fähigkeiten und Fertigkeiten gerichtet (Eisenburger 2012). Im Rahmen der Ressourcenorientierung wird in Bereichen, die beeinträchtigt sind, Unterstützung angeboten. In einer beziehungsorientierten Bewegungspädagogik nach dem Sherborne-Konzept steht vor allem das Kompetenzerleben im

Vordergrund. „Was kann ich tun" statt „was kann ich nicht". Senioren erleben sich häufig in der Rolle des Versorgten, der auf Unterstützung angewiesen ist. Diese Unterstützung, z. B. beim Waschen oder Essen, wird oft als unangenehm empfunden. Ein Gefühl des „Ausgeliefertseins" kann entstehen und das Erleben von Kompetenz und Autonomie ist eingeschränkt. In den Bewegungsstunden werden den älteren TeilnehmerInnen verschiedene Rollen der Beziehungsgestaltung angeboten, die nach eigenen Möglichkeiten gestaltet werden können. Das Erleben von Unterstützung aber auch der Kompetenz, andere zu unterstützen, sich abzugrenzen oder durchzusetzen, wird ermöglicht.

Unabhängig vom Alter besteht immer dann eine Indikation für den bewegungs- und beziehungsorientierten Zugang, wenn emotional-soziale, kognitive oder motorische Defizite vorliegen.

Für *TeilnehmerInnen mit emotional-sozialem Unterstützungsbedarf* kann durch Körper- und Bewegungserfahrungen Selbstvertrauen und das Selbstkonzept gestärkt und darauf aufbauend Beziehung zu anderen erleichtert werden. Im Mittelpunkt stehen demnach personale und soziale Aspekte. Wie in den vorangegangenen Beschreibungen deutlich wurde, besteht eine enge Verknüpfung zwischen der personalen, sozialen, symbolischen und instrumentellen Funktion von Bewegung. Eine instrumentelle Sicherheit, ein großes Bewegungs- und damit Ausdrucks- und Handlungsrepertoire kann maßgeblich zu der Entwicklung einer emotional-sozialen Sicherheit beitragen. Über die Vermittlung motorischer Fertigkeiten kann Selbstwertvermittlung, Aufbau und Stärkung von Selbstvertrauen und damit die Voraussetzung für die Entwicklung einer angemessenen Sozialkompetenz stattfinden. Während im Bewegungsdialog mit Anderen die Wahrnehmung eigener Emotionen und Interpretationen sowie die Wahrnehmung und Interpretation des Verhalten der anderen sensibilisiert und gefördert werden kann.

Für *TeilnehmerInnen mit Unterstützungsbedarf im kognitiven Bereich* können Lernprozesse durch eine bewegungsorientierte Didaktik erleichtert werden. Lernen in und durch Bewegung strukturiert Erfahrungen und ermöglicht Lernen über verschiedene Sinne. Darüber hinaus werden Erfolge, Misserfolge und Erkenntnisse direkt erlebt, was die Reflexion erleichtert. Da Lernbeeinträchtigungen oft eine Selbstwertproblematik zur Folge haben, die sich wiederum negativ auf das Sozialverhalten auswirken kann, kann eine Stärkung des Selbstkonzeptes durch Bewegungs-, Körper- und Beziehungserfahrung ermöglicht werden. Die TeilnehmerInnen können ihre körperlichen und motorischen Fähigkeiten und Fertigkeiten einbringen, in den verschiedenen Rollen selbst Unterstützung bieten oder von anderen annehmen und die positiven Erfahrungen ins Selbstkonzept integrieren. Da sich letzte auch auf die

Leistungsfähigkeit des Menschen auswirkt, kann so die Lernbereitschaft gesteigert werden.

TeilnehmerInnen mit körperlichen und/oder Sinnesbeeinträchtigungen können Ressourcen erfahren, die ihr Selbstkonzept positiv beeinflussen und es ermöglichen, sich selbst, auch körperlich, als positiv und handlungskompetent erleben zu können. In ihrem Alltag sind diese TeilnehmerInnen oft auf Unterstützung angewiesen. In den Aktivitäten zu den Beziehungsdimensionen können sie selbst die Rolle des Unterstützenden einnehmen oder sich als gleichberechtigter Partner erleben. Auch hier kann die Vermittlung von Körper- und Bewegungserfahrung im Sinne der Ressourcenorientierung eine Möglichkeit der Selbstwertstärkung darstellen. Durch die Übung instrumenteller Fertigkeiten kann der Selbstwert der TeilnehmerInnen steigen, was positive Auswirkungen auf die Kontaktaufnahme und Kommunikation mit anderen hat. Darüber hinaus kann das Setting unterstützen, eigene konstruktive Wege zu finden, sich mit den Einschränkungen auseinander zu setzen.

Neben den Alters- und zielgruppenspezifischen Hinweisen gibt es zwei weitere Überlegungen, wann und für wen Angebote einer beziehungsorientierten Bewegungspädagogik nach dem Sherborne-Konzept besonders sinnvoll sein können:

Wenn TeilnehmerInnen *Ressourcen oder ein großes Interesse* an Bewegung haben, ist die intrinsische Motivation an dem Angebot teilzunehmen und aktiv zu werden, hoch. Die Auseinandersetzung mit Problemen oder Fähigkeiten und Fertigkeiten, die nicht optimal ausgeprägt sind, fällt vielen Menschen nicht leicht. Durch den Ressourcenorientierten Zugang, der ein positives Selbsterleben fördert, wird es im Verlauf der Stunden oft möglich, auch Problembereiche zu thematisieren.

Außerdem ist ein bewegungsorientierter Zugang grundsätzlich bei Menschen sinnvoll, die *nonverbal kommunizieren*. Hierzu gehören Kleinkinder sowie Menschen, deren lautsprachliche Kommunikation eingeschränkt ist.

Zusammenfassung

Angebote einer beziehungsorientierten Bewegungspädagogik nach dem Sherborne-Konzept sind über die Lebensspanne und für verschiedenste Zielgruppen geeignet und ermöglichen eine Bandbreite von inhaltlichen Schwerpunkten und Zielformulierungen.

3 Anregungen für die Praxis

In dieser Sammlung werden Aktivitäten und Spiele nach den folgenden Schwerpunkten mit Variationsmöglichkeiten vorgestellt:

- Körperwahrnehmung als Vergewisserung des Ich
- Raumwahrnehmung als Achtsamkeit für den Kontext
- Bewegungsqualitäten als Erprobung von Handlungs- und Ausdrucksspielräumen
- Beziehungsdimensionen als Erfahrung von Gegenseitigkeit

Wie bereits in der Beschreibung zum Zusammenhang der Bausteine erläutert, werden in der Mehrzahl der Aktivitäten sowohl körperliche, räumliche und bewegungsbezogene als auch psychosoziale Erfahrungen und Lernprozesse ermöglicht. Um diesen Zusammenhang zu verdeutlichen und aufzuzeigen, welche weiteren Wahrnehmungsbereiche mit den einzelnen Aktivitäten angesprochen werden, erfolgt unter dem Punkt „Hinweise“ eine kurze Beschreibung der zugehörigen Aspekte zur

- Körperwahrnehmung,
- Raumwahrnehmung und den
- Bewegungsqualitäten,

die jeweils mit einem Icon besonders gekennzeichnet werden.

3.1 Körperwahrnehmung als Vergewisserung des Ichs

Die Körperwahrnehmung wird in Ganzkörperwahrnehmung, die Wahrnehmung der gewichtstragenden Teile wie Knie, Hüfte sowie die Rumpfwahrnehmung unterteilt. Jede Bewegung ermöglicht Körperwahrnehmungserfahrungen. Sehr viele Aktivitäten im Sherborne-Spektrum sind ganzkörperliche Bewegung, wie das Rollen, Springen und Hüpfen. In diesem Schwerpunkt sind Bewegungsformen und Spiele beschrieben, in welchen die Körperwahrnehmung das zentrale Ziel darstellt.

Wahrnehmung der Knie

Die Wahrnehmung der Knie wird bei allen hüpfenden, laufenden, springenden Bewegungen ermöglicht. In den folgenden Aktivitäten wird sie besonders betont.

Knie bewegen

Ablauf: Alle sitzen im Kreis und überlegen gemeinsam Möglichkeiten, wie die Knie bewegt werden können. Bei rauf und runter Bewegungen kann die Schwerkraft erfahren werden.

- wie Marionetten an Fäden
- hochkurbeln
- im Fahrstuhl rauf und wieder runterfahren
- mit den Händen hochheben und wieder runterdrücken ...

Hinweise:

- Diese Aktivität kann auch auf Hockern angeboten werden.
- In der Raumwahrnehmung werden die Raumrichtungen hoch und tief erfahrbar, je nach Beispiel auch vor und zurück, sowie die untere Raumebene und die kleine bis mittlere Kinesphäre.
- In den verschiedenen Variationen kann zudem mit den Bewegungsqualitäten gespielt werden. Die Knie können z.B. allmählich hochgekurbelt werden und plötzlich wieder fallen.

Gewicht mit den Knien tragen

Ablauf: Alle versuchen herauszufinden, wie man sich auf Knien fortbewegen kann, z.B. auf Knien laufen oder rutschen, dabei eventuell mit den Händen durch ziehen oder schieben unterstützen.

Hinweise:

- In dieser Aktivitäten können die verschiedenen Raumrichtungen, die untere und mittlere Raumebene, sowie kleine und mittlere Kinesphäre erfahren werden.
- Es besteht die Möglichkeit, verschiedene Bewegungsqualitäten einzuführen wie z.B. das kraftvolle Bewegungen im Schieben oder Ziehen.

Kurze Beine

Ablauf: Alle gehen in die Hocke, halten ihre Knie fest und versuchen so zu laufen, zu hüpfen oder zu springen oder versuchen sich mit den Knien an den Ohren fortzubewegen. Neben der Wahrnehmung der Knie wird auch das Körperzentrum betont.

Hinweise:

- In den Bewegungen wird die mittlere, die obere Raumebene und die kleine Kinesphäre erfahren.
- Als Bewegungsqualitäten wird der Einsatz von kraftvollen, aber auch plötzlichen Elemente und der freie Bewegungsfluss (hüpfen, springen) gefördert. Zusätzlich können die Bewegungsqualitäten allmählich, direkt und indirekt und der gebundene Fluss ausprobiert werden.

Beine wachsen lassen

Ablauf: Alle sind in der Hocke, haben die Hände an den Knien und drücken diese langsam durch, bis sie stehen. Die Hände bleiben auf den Knien.

Hinweise:

- Das Bild einer Ziehharmonika oder eines Fahrstuhls kann die Aktivität unterstützen.
- In der Raumwahrnehmung werden die Richtungen hoch und tief verdeutlicht, sowie die kleine Kinesphäre.
- Es können verschiedene Bewegungsqualitäten ausprobiert werden, besonders eignet sich der Zeitfaktor.

Hohe Knie

Ablauf: Die Knie werden beim Hüpfen oder Laufen durch den Raum einzeln hochgezogen (Hüpferlauf). Der Umgang mit der Schwerkraft kann erprobt werden.

Hinweise:

- Die mittlere und obere Raumebene werden durch das Hüpfen verdeutlicht, die Raumrichtungen hoch und tief, sowie die kleine Kinesphäre können erfahren werden.
- Im Hüpfen kann der freie Fluss und die Bewegungsqualitäten kraftvoll und leicht, plötzlich und direkt erfahren werden.

Bärengang

Ablauf: Alle versuchen, sich auf Händen und Füßen fortzubewegen und dabei die Beine möglichst lang zu machen (Abb. 13).

Hinweise:

- Als Raumrichtung kann vor und zurück, z.B. im Vorwärts und Rückwärtslaufen, aber auch hoch und tief erfahren werden.
- In dieser Aktivität kann mit den Bewegungsqualitäten plötzlich und allmählich, kraftvoll und gebunden, direkt und indirekt gespielt werden.

Abb. 13: Bärengang

Lustiges Laufen

Ablauf: Alle bewegen sich im Raum und erfinden Möglichkeiten, mit den Beinen besonders zu gehen.

- durch weiche Knie (Wackelpuddingknie)
- hohe Knie (Storchengang)
- durchgedrückte Knie (Robotergang)

Variation Partneraktivität: Einer macht vor, der andere Partner macht nach. Ein Partner macht vor, der andere Partner macht das Gegenteil.

Hinweise:

- Je nach Idee werden auch bestimmte Raumwahrnehmungen ermöglicht, wie beim Storch im hoch und tief.
- Mit den unterschiedlichen Bewegungen können auch verschiedene Bewegungsqualitäten eingeführt und ausprobiert werden. Im Robotergang wird es der gebundene Fluss und der direkte Raumantrieb sein, im Wackelpudding eher der freie Fluss und der indirekte Raumantrieb.

Wahrnehmung der Hüfte

Die Wahrnehmung der Hüfte wird bei allen hüpfenden, springenden Bewegungen ermöglicht, wie auch bei den Vorwärts- und Rückwärtsrollen oder im Bärengang. In den folgenden Aktivitäten wird sie besonders betont.

Wirbeln

Ablauf: Alle sitzen auf dem Boden und versuchen sich auf dem Po zu drehen. Dabei sollen unterschiedliche Geschwindigkeiten ausprobiert werden. Mit viel Schwung kann man umfallen und sich dann wieder hinsetzen. Der Umgang mit der Schwerkraft kann erprobt werden.

Hinweise:

- Zur Raumwahrnehmung wird die untere Ebene erfahren und die Raumrichtungen rechts, links, hoch und tief, sowie die kleine Kinesphäre.
- In den Bewegungsqualitäten wird mit dieser Aktivität der plötzliche Zeitantrieb und der freie Fluss gefördert.

Auf den Gesäßknochen laufen

Ablauf: Alle sitzen auf dem Boden, die Beine ausgestreckt, und versuchen nun sich auf den Gesäßknochen fortzubewegen. Dabei heben sie eine Seite der Hüfte an und schieben sie nach vorn. Diese Bewegung kann nach vorn und nach hinten ausprobiert werden.

Hinweise:

- Dies ist eine gute Bewegung, um im Sitzkreis zusammen zu kommen.
- In der Raumwahrnehmung liegt der Fokus auf den Richtungen vorne und hinten, aber auch rechts und links, sowie hoch und tief (im Anheben der Körperhälfte) auf der unteren Raumebene.
- Die Bewegungsqualitäten kraftvoll und direkt können besonders gut verdeutlicht werden.

Brücke

Ablauf: Jeder versucht aus der Rückenlage in eine Brücke gehen. Andere können dann durchkrabbeln.

Hinweise:

- Hier ist ein gutes körperliches Aufwärmen und eine Begleitung wichtig, damit sich niemand überstreckt.
- Die Raumrichtungen hoch und tief werden verdeutlicht, wie auch die untere und mittlere Raumebene.
- In den Bewegungsqualitäten braucht es den kraftvollen und direkten Antrieb mit gebundenem Fluss, um sich in die Brücke zu drücken.

Wahrnehmung des Rumpfes

Die Wahrnehmung des Rumpfes wird besonders bei rollenden und rutschenden Bewegungen im Liegen gefördert, sowie bei allen Bewegungen, die die Wirbelsäule betonen, wie z. B. im Vorwärts- und Rückwärtsrollen.

Im Liegen bewegen

Ablauf: Alle liegen auf dem Boden und probieren verschiedene Möglichkeiten aus, sich zu bewegen.

Hinweise:

- Die untere Raumebene wird deutlich, die Raumrichtungen vor und zurück sowie rechts und links können ausprobiert werden.
- Mit den verschiedenen Bewegungsqualitäten kann zusätzlich gespielt werden, wobei sich die Qualitäten direkt, indirekt, kraftvoll, gebunden, frei, plötzlich und allmählich anbieten. Der leichte Antrieb lässt sich auf dem Boden oft nur schwer umsetzen.

Rollen

Ablauf: Alle rollen sich um die eigene Achse durch den Raum. Die Schwerkraft wird spürbar.

Hinweise:

- Diese Aktivität lässt sich gut mit den Aktivitäten Rollen 1 und Rollen 2 (beide Kap. 3.4, Füreinander) erweitern.
- Hier wird die untere Raumebene und die Richtung vor und zurück, rechts und links verdeutlicht.
- Um in ein fließendes Rollen zu kommen, werden die Bewegungsqualitäten plötzlich (in der Initiierung) und freier Fluss benötigt.

Echse

Ablauf (Kap. 1.3, Beispiel 2): Alle liegen auf dem Boden und versuchen sich wie Echsen vorwärts zu schlängeln, dabei ziehen sie die Knie und Ellbogen einer Seite zusammen und greifen mit der anderen Seite aus, um sich vorwärts zu bewegen.

Hinweise:

- Diese Bewegung, wie auch andere, die in Bauchlage auf dem Boden ausgeführt werden, fördern den Blickkontakt.
- Mit dieser Aktivität wird die untere Raumebene ehrfahrbar mit den Raumrichtungen vor, zurück (falls die Echsen sich auch rückwärts bewegen können), rechts und links.
- Als Bewegungsqualitäten können der gebundene Fluss und die Elemente plötzlich, allmählich, direkt, indirekt und kraftvoll besonders gut umgesetzt werden.

Raupe

Ablauf: Alle stehen auf den Füssen und haben die Hände auf dem Boden. Nun laufen sie mit den Händen nach vorn bis es nicht mehr weitergeht und sie mit den Füssen wieder vor zu den Händen laufen können (Abb. 14).

Abb. 14: Raupe

Hinweise:

- In dieser Aktivität wird die Raumrichtung vor und zurück, sowie hoch und tief besonders deutlich.
- Als Bewegungsqualitäten wird der gebundene Fluss gefördert. Kinder variieren hier oft allein im Zeitfaktor.

Käferdrehung

Ablauf: Alle liegen auf dem Bauch und versuchen sich ohne Beine und Arme auf den Rücken drehen (Abb. 15).

Variation: Noch herausfordernder ist die Aktivität, wenn man sich aus dem Sitzen auf den Bauch und zurück dreht.

Hinweise:

- Dies ist eine Aktivität für sehr bewegungsfreudige Menschen.
- In der Raumwahrnehmung wird die untere Ebene erfahren, sowie die Raumebenen rechts und links.
- Der Einsatz des plötzlichen Zeitantriebs ist hilfreich, um die Drehung zu beginnen.

Abb. 15: Käferdrehung

Wahrnehmung des Körperzentrums

Die Wahrnehmung des Körperzentrums wird in allen Bewegungen ermöglicht, die von der Körpermitte ausgehen oder dort enden, vor allem auch bei Rollen (Vorwärts- und Rückwärtsrolle, Flugrolle, Schulterrolle) in verschiedene Richtungen.

Schildkröte

Ablauf: Alle versuchen sich so klein wie möglich zu machen und dann wieder auszustrecken. Aus der kleinen Position werden Möglichkeiten der Fortbewegung gesucht (Abb. 16).

Variation Partneraktivität: Wenn sich das Paket ganz klein gemacht hat, kann es von jemandem anderen hochgehoben werden. Dazu wird eine sehr gute Körperspannung benötigt.

Hinweise:

- Diese Aktivität ist eine gute Vorübung zu den Aktivitäten „Päckchen hochheben" (Kap. 3.4, Gegeneinander), „Päckchen auspacken" (Kap. 3.4, Gegeneinander) wie auch für die verschiedenen Rollen (Kap. 3.4, Füreinander).
- Die Wahrnehmung der kleinen und großen Kinesphäre wird gefördert, wie auch die Wahrnehmung der unteren Raumebene und der Raumrichtungen vor, zurück, rechts und links.
- Im Zusammenziehen kann der direkte Raumantrieb gefördert werden.

Abb. 16: Schildkröte

Fallen lernen

Ablauf: Die Aktivität des Fallens kann in verschiedenen Variationen und Schwierigkeitsstufen erlebt werden. Hier wird in besonderem Maße der Umgang mit der Schwerkraft erprobt.

- Alle liegen auf der Seite und lassen sich auf den Rücken oder Bauch fallen.
- Wirbeln (Kap. 3.1, Wahrnehmung der Hüfte)
- Aus dem Vierfüßler auf die Seite fallen lassen und über den Rücken wieder in den Vierfüßler kommen
- Aus dem Schneidersitz umfallen lassen und wieder aufsetzen
- Aus dem Schneidersitz umfallen, über den Rücken rollen und auf der anderen Seite wieder in den Schneidersitz kommen
- Aus der Hocke umfallen (seitwärts, rückwärts, dabei die Füße über den Kopf nehmen oder zu einer Rückwärtsrolle erweitern, vorwärts mit einer Rolle und wieder aufstehen.

Hinweise:

- Der Schwierigkeitsgrad sollte langsam gesteigert werden.
- Wenn Kinder selbst zu unsicher sind, bietet sich die Partneraktivitäten zum Rollen an (Kap. 3.4, Füreinander), um das Kind mit Unterstützung an das Fallen und Rollen heranzuführen.
- In der Raumwahrnehmung wird besonders die untere Ebene und dabei alle Raumrichtungen erfahrbar.
- Mit der Aktivität des Fallens wird der freie Bewegungsfluss gefördert.

Vier-Punkt-Landung

Ablauf: Aus dem Laufen oder Hochspringen mit den Füßen und Händen landen und dann seitlich abrollen. Der Umgang mit der Schwerkraft wird erprobt.

Hinweise:

- Es ist sinnvoll, diese Aktivität mit einer Weichbodenmatte auszuprobieren.
- Die mittlere und untere Raumebene werden in der mittleren Kinesphäre verdeutlich, beim Hochspringen wird auch die obere Raumebene genutzt, sowie die Raumrichtungen hoch und tief, vor, rechts und links.

- Im Laufen, Springen und Fallen wird der freie Fluss und die Elemente plötzlich und kraftvoll (im Absprung) und eventuell auch der direkte Raumantrieb eingesetzt.

3.2 Raumwahrnehmung als Achtsamkeit für den Kontext

Räumliche Aspekte und damit auch Möglichkeiten der Raumwahrnehmung finden sich in jeder Bewegung. Im Sherborne-Konzept wird in Wahrnehmung des allgemeinen und des persönlichen Raumes unterteilt. Die Raumwahrnehmung ist das zentrale Thema der folgenden Spiele und Bewegungen.

Allgemeiner Raum

Der ganze Raum

Ablauf: Die TeilnehmerInnen bewegen sich durch den Raum und versuchen diesen kennenzulernen. Dabei wird die Exploration der verschiedenen Raumebenen angeboten.

- in die Ecken gehen
- diagonal durch den Raum gehen
- gerade Wege durch den Raum gehen
- kurvige Wege gehen
- an den Seiten entlang gehen
- vom Rand in die gehen Mitte oder anders herum
- sich auf dem Rücken bewegen
- über den Boden rutschen oder krabbeln
- auf Geräte (Bank, Sprossenwand) im Raum klettern

Hinweise:

- In einer Turnhalle können die Bodenmarkierungen genutzt werden.
- Je nach Bewegungsform ergeben sich verschiedene Möglichkeiten zur Wahrnehmung des Körpers und der Bewegungsqualitäten.

Raumerlebnis

Ablauf: Alle bewegen sich im Gehen vorwärts durch den Raum bis jemand die Raumebene oder die Raumrichtung wechselt. Immer wenn eine neue Bewegungsform von jemandem vorgemacht wird, macht die Gruppe diese nach bis ein weiterer Wechsel eingeleitet wird. Es sollen Bewegungen auf der unteren, mittleren und oberen Raumebene sowie in alle Raumrichtungen (vor, rück, rechts, links) ausgedacht werden.

Variation Partneraktivität: Einer macht vor, der andere macht nach oder einer macht vor und der andere macht das Gegenteil.

Hinweise:

- Auch hier hängen Möglichkeiten zur Wahrnehmung des Körpers und der Bewegungsqualitäten von den gewählten Bewegungsformen ab.
- Neben der Erkundung des allgemeinen Raumes wird auch die Gruppenwahrnehmung gefördert.

Persönlicher Raum

Leuchtender Stern

Ablauf: Die TeilnehmerInnen versuchen mit dem Körper einen großen Stern (große Kinesphäre) zu machen, indem sie die Arme und Beine so weit wie möglich auf der unteren Raumebene in Rückenlange von sich strecken.

Hinweise:

- Mit diese Aktivität kann der direkte Raumantrieb und der gebundene Fluss gefördert werden.
- Der Rumpf wird in dieser Aktivität gut spürbar, die Bewegung zum Stern bietet die Möglichkeit der Ganzkörperwahrnehmung.

Großer und kleiner Stern

Ablauf: Die TeilnehmerInnen liegen auf dem Rücken. Sie gleiten so lange aufeinander zu, bis alle Füße in der Mitte zusammenkommen und die Gruppe einen Stern bildet. Die Beine und Arme können hierbei geschlossen (kleiner Stern, kleine Kinesphäre) oder offen (großer Stern, große Kinesphäre) sein.

Hinweise:

- Mit diese Aktivität kann der direkte Raumantrieb und der gebundene Fluss gefördert werden.
- Der Rumpf und die Knie können besonders gut wahrgenommen werden.

Ball

Ablauf: Die TeilnehmerInnen machen mit ihrem Körper einen sehr kleinen, kompakten Ball. Dies können sie in Rücken-, Bauch- oder Seitenlage durchführen.

Hinweise:

- Im Wechsel mit dem leuchtenden Stern wird die kleine und die große Kinesphäre deutlich.
- Die Aktivitäten „Schildkröte“ (Kap. 3.1, Wahrnehmung des Körperzentrums), „Päckchen hochheben“ (Kap. 3.4, Gegeneinander) sind ähnlich und können gut miteinander kombiniert werden.
- Die Ganzkörperwahrnehmung wird betont, dabei besonders die Knie, die angezogen werden, und auch der Rumpf.

Seifenblase

Ablauf: Alle bewegen sich in ihrer persönlichen Kinesphäre mit dem Bild der Seifenblase durch den Raum. Erst malen sie im Gehen oder Stehen mit den Händen und Füßen die Hülle der Seifenblase an. Beim Bewegen durch den Raum versuchen sie die Blase der anderen nicht zu berühren. Dabei können sie die Größe der Blase verändern, indem sie den genutzten Raum verkleinern oder vergrößern.

Hinweise:

- In den Bewegungen durch den Raum kann mit dem Zeitantrieb gespielt werden, indem die Bewegungen von der Beschleunigung in Zeitlupe variiert werden. Mit dem Bild der „Seifenblase“ kann der leichte Kraftantrieb akzentuiert werden.

Gewusel

Ablauf: Die TeilnehmerInnen gehen kreuz und quer durch den Raum ohne jemanden zu berühren. Die Anleiterin verkleinert den erlaubten Raum langsam. Die Aufgabe besteht darin, das Tempo aufrecht zu halten, ohne mit jemandem zusammenzustoßen oder zu berühren. Durch die Verkleinerung des Raumes wird sich die Nutzung der Kinesphäre verändern.

Hinweis: Den Fähigkeiten der Gruppe angepasst, kann auch hier im Zeitantrieb variiert werden. Je plötzlicher und schneller die Bewegungen sind, desto schwieriger ist es, den anderen aus dem Weg zu gehen.

Raumspiegel

Ablauf (Kap. 1.3, Beispiel 7): Zwei Teilnehmer stehen einander gegenüber. Ein Partner bewegt die Hände in seiner kleinen, mittleren und großen Kinesphäre in alle Raumrichtungen, der andere spiegelt die Bewegung (Abb. 17). Nach ein paar Minuten werden die Rollen gewechselt.

Variation: Die Hände liegen aneinander. Die Aktivität kann auch im Liegen mit den Füssen statt mit den Händen ausprobiert werden.

Hinweise:

- Diese Aktivität kann auf Hockern gegenübersitzend ausgeführt werden.

Abb. 17: Raumspiegel

- Je grösser die Bewegung wird, desto eher kann sie als Ganzkörperbewegung wahrgenommen werden. In der kleinen Kinesphäre werden die Bewegungen sehr gestisch sein.
- In der Aktivität kann der direkte und indirekte Raumantrieb erfahren werden, sowie der gebundene Fluss. Mit nach unten führenden Bewegungen wird die Schwerkraft sehr deutlich.

3.3 Bewegungsqualitäten als Erprobung von Handlungs- und Ausdrucksspielräumen

Bewegungsqualitäten sind feste Bestandteile jeder Bewegung. Sie sind die Energie und Farbe der Bewegung. Laban unterscheidet die Antriebe: Kraft, Raum, Zeit und Fluss mit ihren polaren Elementen. Für verschiedene Bewegungsformen braucht es unterschiedliche Qualitäten. Ein Tritt oder Schlag wird ohne die Qualitäten direkt, kraftvoll und plötzlich wenig effektiv sein. Balancieren wird ohne gebundenen Fluss, direkten Raum- und allmählichen Zeitantrieb kaum möglich sein. In den Sherborne-Aktivitäten liegt eine besondere Erfahrungsmöglichkeit im Umgang mit der Schwerkraft, die insbesondere im Kraftantrieb erfahrbar ist. Die folgenden Spiele und Aktivitäten beschreiben Möglichkeiten, um die verschiedenen Bewegungsqualitäten auszuprobieren und zu erleben. Diesen Aktivitäten werden keine Hinweise zur Raum- oder Körperwahrnehmung zugeordnet, da diese von Bewegung zu Bewegung, abhängig von der Interpretation und Kreativität der TeilnehmerInnen, variieren werden.

Bewegungsgeschichten

Ablauf: In einer Geschichte werden die verschiedenen Bewegungsqualitäten in Bildern beschrieben. Die TeilnehmerInnen setzen die Geschichte in Bewegungen um. Die Geschichten können im Zoo stattfinden, z. B. mit

- Elefanten: kraftvoll, direkt
- Schmetterlingen: leicht, indirekt
- Chamäleon: gebunden, allmählich
- Wilden Affen: frei, plötzlich

oder im Handwerk

- Mauern: kraftvoll, direkt
- Etwas von Staub befreien: leicht, indirekt
- Schwere Schubkarren schieben: gebunden, allmählich
- Von der Arbeit müde aufs Bett fallen: frei

Hinweise:

- Die Geschichte sollte den Interessen der TeilnehmerInnen entsprechen.
- Raum- und Körperwahrnehmung hängt von den ausgesuchten Bewegungsformen ab.
- Hindernisse können eingebaut werden, z.B. zum Balancieren (gebunden, allmählich, direkt), Springen (plötzlich, frei) oder Durchquetschen (kraftvoll, direkt).

Zielscheibe

Ablauf: Alle stehen im Raum und wählen einen erreichbaren Punkt irgendwo auf der Seite. Anschließend bewegen sich mit ausgewählten Bewegungsqualitäten darauf zu und berühren den ausgesuchten Punkt. Dann wird ein neuer Punkt gewählt. Die Bewegungen hin zum Punkt variieren entsprechend den Bewegungsqualitäten:

- „leicht“ oder „kraftvoll“
- „direkt“ oder „indirekt“
- „plötzlich“ oder „allmählich“
- „gebunden“ oder „frei“

Variationen: Alle suchen sich einen Punkt und ein Teilnehmer gibt die Bewegungsqualität vor, die alle nachmachen. Ein Teilnehmer gibt die Bewegungsqualität vor und alle anderen machen das Gegenteil (z.B. plötzlich – allmählich).

Hinweis: Die Raum- und Körperwahrnehmung hängt von der gewählten Bewegungsform ab.

Stop & Go

Ablauf: Alle bewegen sich mit einer bestimmten Bewegungsqualität durch den Raum. Wenn der erste Teilnehmer stehen bleibt, halten auch alle anderen an oder frieren ein (plötzlich, gebunden). Wer möchte, startet dann mit einer neuen Bewegung in einer der Bewegungsqualitäten und alle anderen machen diese Bewegung nach bis wieder jemand stehen bleibt und eine weitere Bewegung vorgegeben wird.

Hinweise:

- Wer stehen bleibt, muss keine neue Bewegung vormachen.
- Die Raum- und Körperwahrnehmung hängt von der gewählten Bewegungsform ab.

Spiegel

Ablauf: Zwei TeilnehmerInnen bewegen sich hintereinander durch den Raum. Der vorn gehende Partner gibt eine Bewegung mit einer bestimmten Bewegungsqualität vor, der hinter ihm gehende macht diese nach. Die TeilnehmerInnen werden ermutigt, sich mit verschiedenen Bewegungsqualitäten zu bewegen. Wenn der vordere Partner nicht mehr führen möchte, dreht er sich um und leitet so einen Führungswechsel ein.

Variation: Der folgende Partner macht das Gegenteil nach.

Hinweise:

- Die Körperwahrnehmung hängt von der gewählten Bewegung ab.
- Die Raumrichtung vor und rechts, links wird erfahren, alle anderen Raumrichtungen und Ebenen hängen von der gewählten Bewegungsform ab.

Begrüßung

Ablauf: Alle gehen durch den Raum und begrüßen sich mit unterschiedlichen Bewegungsqualitäten.

- Mit einer allmählichen Verbeugung
- Mit einem plötzlichen Abklatschen
- Mit einer kraftvollen Umarmung
- Mit einem direkten Händedruck
- Mit einer Ballerina Pirouette (leicht)
- Mit einer Roboter Bewegung ...

Hinweis: Die Raumrichtung wird vor allem in der mittleren Ebene erfahren.

3.4 Beziehungsdimensionen als Erfahrung von Gegenseitigkeit

In der Sherborne-Bewegungspädagogik wird zwischen den drei Beziehungsdimensionen *Füreinander, Gegeneinander* und *Miteinander* unterschieden. Die folgenden Spiele und Aktivitäten werden in diese drei Bereiche unterteilt vorgestellt.

Füreinander

In dieser Beziehungsdimension werden, je nach Rolle, das Erleben von Unterstützung und das Erleben eigener Kompetenz durch das Geben von Unterstützung erfahrbar. Da die Körper- und Raumwahrnehmung sowie die genutzten Bewegungsqualitäten mit der übernommenen Rolle variieren können, werden sie separat angegeben, dabei wird der Unterstützung annehmende Partner mit A und der Unterstützung gebende Partner mit B gekennzeichnet

Wiegen

Ablauf: Ein Partner sitzt zwischen den Beinen des anderen. Der hintere Partner umschließt den vorderen mit Armen, Beinen und Rumpf und schaukelt ihn vorsichtig von Seite zu Seite (Abb. 18). Eine vertrauensvolle Beziehung ist Voraussetzung für diese Erfahrung. Die Geschwindigkeit des Schaukelns kann variiert werden, von langsam zu schneller.

Hinweise:

- Bei gleich großen Partnern sollte vorsichtig gewiegt werden, der hintere Partner kann sich abstützen, um nicht gemeinsam umzufallen.
- Kleinere Kinder können den größeren Partner wiegen, indem sie hinter ihm im Stehen wiegen.
- Es können (Wiegen)Lieder dazu gesungen oder passende Bilder, die der Bewegung entsprechen (z. B. Schifffahrt), gefunden werden.
- Die kleine Kinesphäre und die Raumrichtungen rechts und links werden spürbar.
- In dieser Aktivität wird für beide Partner die Ganzkörper- und Rumpfwahrnehmung gefördert. Die Schwerkraft wird spürbar.
- Bei Partner A kommt es zu Erfahrungen des freien Flusses. Partner B wird den gebundenen Fluss einsetzen. Beide machen die Erfahrung einer Bewegung mit und gegen die Schwerkraft. Auch der Zeitantrieb in der Schaukelbewegung wird für beide spürbar.

Abb. 18: Wiegen

Rückenwiege

Ablauf: Ein Teilnehmer geht in die Vierfüßler Position, der zweite legt sich mit dem Bauch oder dem Rücken auf dessen Rücken. Der Kopf sollte zwischen den Schultern des unterstützenden Teilnehmers liegen. Dann wiegt der Partner im Vierfüßler sanft hin und her. Zum Absteigen neigt er sich zu Boden und der obenliegende Partner kann im selbstgewählten Tempo hinunterrollen.

Variation Gruppenaktivität: Mehrere TeilnehmerInnen bilden nebeneinander im Vierfüßler eine Bank. Jetzt legt sich eine TeilnehmerIn mit dem Bauch oder mit dem Rücken darauf und lässt sich leicht hin und her wiegen. Um den liegenden Teilnehmer abzulegen, stützt die Gruppe diesen mit jeweils einer Hand und richtet sich Richtung Hüfte leicht auf (Abb. 19). So wird ein sanftes Abrollen ermöglicht. Der obenliegende Mensch sichert sich selbst zusätzlich mit einem Arm und einem Bein, um das Gewicht langsam wieder selbst zu übernehmen.

Abb. 19: Rückenwiege

Hinweise:

- In der Aktivität wird die untere Raumebene und die Raumrichtungen hoch und tief, sowie seitwärts (beim Abrollen) verdeutlicht.
- Für alle Beteiligten wird der Rumpf besonders gut spürbar. Von Partner B in der Bankstellung können zudem die Knie besonders wahrgenommen werden. Die Schwerkraft wird spürbar.
- Partner A kann in der Entspannung der Schwerkraft nachgeben und den freien Fluss erleben. Partner B braucht den gebundenen Fluss um in der stabilen Haltung zu bleiben und das Abrollen von A zu kontrollieren (Kap. 1.3, Beispiel 8).

Schaukeln 1

Ablauf: Ein Partner sitzt mit einem anderen Teilnehmer zwischen den Beinen am Boden (beide schauen nach vorne) und hält ihn unter den Kniekehlen fest. Er schaukelt langsam vor und zurück. Dabei kann der haltgebende Partner so weit nach hinten kippen, dass die Füße beider Partner in der Luft sind (Abb. 20).

Hinweise:

- Kinder können auf den Oberschenkeln des Erwachsenen sitzen.
- Die Aktivität kann durch Laute oder Lieder (z.B. „Hoppe Hoppe Reiter“) begleitet und bis zur „Rolle rückwärts“ entwickelt werden.
- In der schaukelnden Bewegung werden die Raumrichtungen vor und zurück in der kleinen Kinesphäre deutlich.
- Für beide Partner ergeben sich Möglichkeiten der Ganzkörper-, Rumpf-, Knie- und Hüftwahrnehmung. Die Schwerkraft wird erfahren.
- Partner A kann den freien Fluss erleben. Partner B wird den freien und den gebundenen Fluss nutzen, um die Schaukelbewegung in Gang zu setzen aber auch zu kontrollieren. In der Initiierung wird der plötzliche Zeitantrieb und eventuell das Element kraftvoll gefördert sowie der direkte Raumantrieb. Beide gehen in der Bewegung mit und gegen die Schwerkraft.

Abb. 20: Schaukeln zu zweit

Schaukeln 2

Ablauf: Ein Erwachsener liegt mit angewinkelten Beinen auf dem Rücken. Ein Kind sitzt auf den Bauch des Erwachsenen und bekommt Halt über dessen Beine. Jetzt schaukelt der Erwachsene vor und zurück.

Hinweise:

- Blickkontakt ist hilfreich, um eine Fokussierung der Aufmerksamkeit zu unterstützen und emotionale Sicherheit zu vermitteln.
- Die Raumrichtungen vor und zurück werden in der kleinen Kinesphäre verdeutlicht.
- Beiden Partner werden Ganzkörperwahrnehmungen vermittelt, dabei werden die Knie bei Partner B besonders spürbar. Auch die Schwerkraft wird erfahren.
- Partner A kann den freien Fluss erleben. Partner B wird den freien und den gebundenen Fluss nutzen, um die Schaukelbewegung in Gang zu setzen aber auch zu kontrollieren. In der Initiierung wird der plötzliche Zeitantrieb und eventuell das Element kraftvoll gefördert sowie der direkte Raumantrieb. Beide gehen in der Bewegung mit und gegen die Schwerkraft.

Schaukeln 3

Ablauf: Ein Teilnehmer liegt auf dem Bauch, ein anderer sitzt oder liegt auf seinem Rücken. Jetzt macht der unterstützende Teilnehmer einen Buckel und bewegt den oberen Partner vorsichtig rauf und runter. Dabei hält dieser sich mit Beinen und Händen fest. Der untere Partner kann sich dann kriechend oder auf allen Vieren fortbewegen (Abb. 21).

Hinweise:

- Bei schwerstmehrfachbehinderten Kindern kann der Erwachsene auch auf dem Rücken liegen, das Kind liegt auf seinem Bauch. Nun bewegt sich der Erwachsene und gibt dem Kind mit den Händen Halt.
- Beide Partner können die Raumrichtungen hoch und tief sowie vorn in der kleinen Kinesphäre erfahren.
- Mit der Bewegung werden Ganzkörpererfahrungen vermittelt und besonders die Wahrnehmung der Knie gefördert. Die Schwerkraft wird spürbar.

- Beide Partner erfahren den gebundenen Fluss, den direkten Raumantrieb (A im Festklammern der Knie, B in der zielgerichteten Bewegung rauf und runter) und das Element kraftvoll.

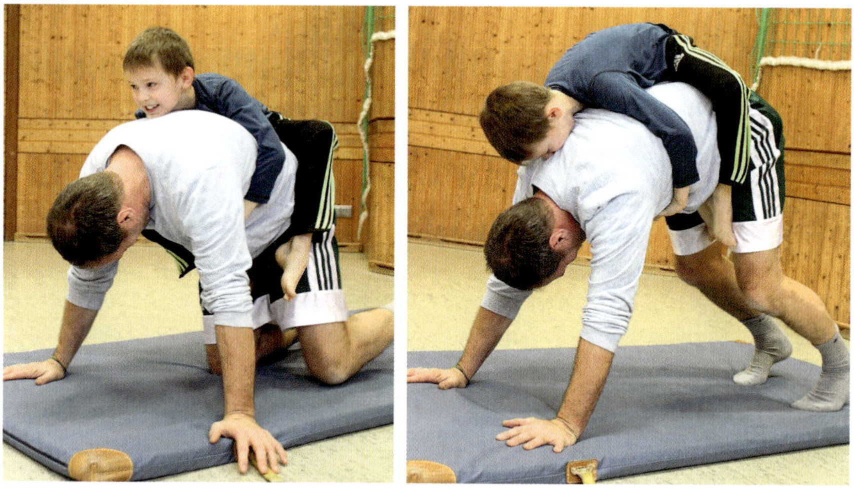

Abb. 21 Schaukeln auf dem Rücken

Rollen 1

Ablauf: Ein Partner liegt auf dem Rücken, der andere sitzt zu seiner Körpermitte, rollt ihn zu sich und lässt ihn sanft wieder zurück oder mit Schwung auf die andere Körperseite rollen. Dabei kann die Körperspannung variieren, mal niedrig wie ein „Wackelpudding", mal hoch wie ein „Baumstamm".

Variationen: Der Partner kann mit unterschiedlichen Körperteilen durch den Raum gerollt werden, z. B. mit Händen, Knien oder Füßen. Die Aktivität kann zum *Gegeneinander* entwickelt werden, indem der liegende Partner sich nicht mehr rollen lassen will und versucht standzuhalten.

Hinweise:

- Der rollende Partner sollte nachfragen, wo sein Partner angefasst werden möchte und wo nicht (kitzelig). Günstig ist es, an der Hüfte anzusetzen.
- Auf der unteren Raumebene können die Raumrichtungen rechts, links, vor, zurück in der kleinen Kinesphäre erfahren werden.

- Ganzkörperwahrnehmung wird bei Partner A ermöglicht, Partner B wird vor allem den Rumpf und die Hüfte im Vorbeugen spüren. Für beide Partner wird die Schwerkraft spürbar.
- Im „Wackelpudding" kann Partner A den freien und im „Baumstamm" den gebundenen Fluss erfahren. Partner B braucht den direkten und kraftvollen Antrieb und den gebundenen Fluss, um den Partner vorsichtig zu rollen.

Rollen 2

Ablauf: Ein Partner sitzt mit ausgestreckten Beinen auf dem Boden, der andere liegt quer über seinen Beinen (Abb. 22). Der sitzende kann jetzt den liegenden bis zu seinen Füssen und dann wieder zurückrollen oder von den Füssen runter rollen.

Hinweise: wie bei Rollen 1

Abb. 22: Rolle

Rolle rückwärts

Ablauf: Die Rückwärtsbewegung des Schaukelpferds 1 wird fortgeführt, so dass das Kind aus der Kopfüberposition über den Kopf des Erwachsenen eine Rückwärtsrolle macht. Es landet dabei auf seinen Knien oder Beinen hinter dem Erwachsenen.

Hinweise:

- Auf der unteren Raumebene können in der kleinen Kinesphäre die Raumrichtungen vor und zurück, hoch und tief erfahren werden.
- Beiden Partnern wird eine Ganzkörperwahrnehmung ermöglicht, wobei der Rumpf, die Hüfte und die Knie besonders deutlich spürbar werden. Die Schwerkraft wird spürbar.
- Partner A erlebt den freien Fluss. Partner B wird die Bewegung im Wechsel zwischen freien und gebundenen Fluss führen, dabei in der Initiierung den plötzlichen und kraftvollen Antrieb nutzen. Beide erfahren den direkten Raumantrieb.

Rolle vorwärts

Ablauf: Der Erwachsene sitzt mit ausgestreckten und gegrätschten Beinen auf dem Boden. Das Kind lehnt sich mit dem Bauch über eine Schulter des Erwachsenen. Die Hände des Kindes sind zwischen den Beinen des Erwachsenen auf dem Boden. Der Erwachsene unterstützt das Kind dabei seinen Kopf und Rumpf einzurollen, sowie Nase und Knie aneinander zu halten und passt auf, dass das Kind auf den Schultern landet und vorsichtig über den Rücken abrollt (Abb. 23).

Hinweise:

- Kleinere Kinder können den Purzelbaum auch auf den Oberschenkeln des Erwachsenen schlagen. Bei größeren Menschen sind Hilfestellungen zu beiden Seiten hilfreich.
- weitere Hinweise wie bei Rolle rückwärts

Abb. 23: Rolle vorwärts

Surfen

Ablauf: Ein Partner liegt auf dem Bauch, der andere mit der Brust auf dem Rücken des liegenden Partners quer darüber. Der untenliegende Partner dreht sich um seine eigene Achse, sodass der obenliegende Partner der Länge nach runtergeschoben wird (Abb. 24).

Abb. 24: Surfen

Variation Gruppenaktivität: Die Gruppe liegt nebeneinander auf dem Bauch und transportiert einen Menschen in Bauch- oder Rückenlage über den Rücken.

Hinweise:

- Ein rutschiger Untergrund ist für diese Erfahrung wichtig. Der obenliegende Partner sollte lange Ärmel tragen, da die Haut sonst bremst.
- Auf der unteren Raumebene können in der kleinen Kinesphäre die Raumrichtungen vor und zurück, hoch und tief erfahren werden.
- Beiden Partnern wird eine Ganzkörperwahrnehmung ermöglicht, wobei für Partner B der Rumpf und für Partner A die Rumpfvorderseite (Bauch) besonders deutlich spürbar werden.
- Partner A erlebt den freien Fluss. Partner B wird in der Initiierung den plötzlichen und kraftvollen Antrieb nutzen. Beide erfahren den direkten Raumantrieb.

Bodenputzer

Ablauf: Ein Partner liegt auf dem Rücken, der andere zieht ihn an den Füßen über einen glatten Boden. Dabei sollen die Partner Blickkontakt herstellen.

Variation: Der ziehende Partner läuft in Schlangenlinien und schwingt den liegenden Partner mit. Mehrere Kinder können einen Erwachsenen zusammen ziehen. Ein Partner wird auf einer Decke in Rückenlage, angefasst am Fußende, gezogen.

Hinweise:

- Zieht ein kleinerer Partner, sollte er die Hände des großen Partners greifen. Dieser kann mit den Füßen mitlaufen, um zu unterstützen.
- Lange Hosenbeine unterstützen die rutschende Bewegung.
- Beide Partner erfahren die untere und mittlere Raumebene, sowie die Raumrichtungen vor, rechts und links.
- Für Partner A wird mit der Aktivität eine deutliche Rumpfwahrnehmung ermöglicht.
- Partner A kann in einer entspannten Haltung der Schwerkraft nachgeben und den freien Fluss erleben. Partner B braucht den kraftvollen und direkten Antrieb, um Partner B zu ziehen.

Lokomotive

Abb. 25: Lokomotive

Ablauf: Die Partner sitzen Rücken an Rücken. Einer schiebt den anderen durch die Halle. Der geschobene hebt die Füße leicht an und lässt sich über das Gesäß rutschen, dabei lenkt er mit den Füssen und achtet darauf, dass die beiden nirgends anstoßen (Abb. 25). Danach werden Rollen getauscht.

Hinweise:

- Schiebt ein kleinerer Partner, kann der größere Partner unterstützen, indem er mit den Füßen mitläuft.
- Diese Aktivität ist eine Vorübung zum Rücken an Rücken (Kap. 3.4, Gegeneinander) oder zum Aufstand (Kap. 3.4, Miteinander), da die TeilnehmerInnen lernen, ihre Kraft in direkter Raumrichtung gegen den Rücken des anderen einzusetzen.
- In der Raumwahrnehmung wird die untere Raumebene, sowie die Raumrichtungen vor und zurück angesprochen.

- Die Rumpfwahrnehmung wird besonders gefördert. Der schiebende Partner wird auch seine Knie deutlich spüren können.
- Partner B wird in dieser Aktivität den direkten und kraftvollen Antrieb einsetzen.

Tunnel

Ablauf: Ein Partner macht einen Tunnel im Vierfüßler, der andere kriecht durch. Dabei kann er sich verschiedene Stellen aussuchen (Abb. 26).

Variation Gruppenaktivität: Mehrere Tunnel werden hintereinander gebildet. Der jeweils erste darf durch den langen Tunnel krabbeln und sich hinten anschließen bis alle einmal durch den langen Tunnel gekrabbelt sind. Der Partner, der den Tunnel bildet, stellt sich auf Hände und Füße.

Hinweise:

- Diese Aktivität lässt sich gut mit der Gruppen Rückenwiege kombinieren (Kap. 3.4, Füreinander).
- Mit der Aktivität wird die Wahrnehmung der Raumrichtungen hoch, tief und vor auf der unteren Raumebene ermöglicht.
- Für Partner B wird die Rumpf- und Kniewahrnehmung besonders gefördert. Partner A wird die Aktivität eher eine Ganzkörperwahrnehmung mit Betonung der Knie vermitteln.
- Partner B befindet sich in einer Körperhaltung und nutzt den gebundenen Fluss und den kraftvollen Antrieb, um sie zu halten. Partner A setzt den direkten Raumantrieb ein.

Abb. 26: Tunnel

Haus

Ablauf: Ein Partner A sitzt zwischen den Beinen des anderen (B), beide schauen dabei in die gleiche Richtung. Partner B bildet ein Haus und umschließt den vorderen Partner. Der vordere Partner sucht Wege aus dem Haus, das sich nicht bewegen darf.

Hinweise:

- Es können Anregungen geben werden, wodurch man rausgehen könnte (Tür, Fenster, Kamin, usw.).
- Die untere Raumebene kann mit der vor, zurück, rechts und links in der kleinen Kinesphäre erfahren werden.
- Diese Aktivität vermittelt eine Ganzkörpererfahrung. Anhängig von der Bewegungsform, z. B. krabbeln, werden die Knie besonders spürbar.
- Der Einsatz des direkten Antriebes wird bei Partner A gefördert. Partner B nutzt den gebundenen Fluss, um die Haltung aufrechtzuerhalten.

Flugzeugspiel

Ablauf: Alle Kinder laufen als Flugzeuge durch den Raum. Sie dürfen nicht zusammenstoßen. Wenn ein Flugzeug getankt werden muss, legt sich das Kind auf den Boden. Jetzt können andere Kinder kommen und auftanken. Hat das Flugzeug einen Schaden und muss repariert werden, so tun sich mehrere Reparaturflugzeuge zusammen und heben das Kind an Füßen und Handgelenken hoch, um das Flugzeug zur Werkstatt zu transportieren (z. B. auf eine blaue Matte).

Variation: Die Aktivität lässt sich auch mit Tieren, füttern und einer Tierarztstation spielen.

Hinweise:

- Erwachsene können von mehreren Kindern abgeschleppt werden. Dabei heben die Kinder den Erwachsenen nicht hoch, sondern ziehen ihn über den Boden zur Werkstatt.
- Die obere und untere Raumebene wird beim Flugzeug in der mittleren und großen Kinesphäre verdeutlicht. Im Spiel mit Tieren hängt die Kine-

sphäre von der Darstellung des jeweiligen Tieres ab. Die Raumrichtung vor wird sehr wahrscheinlich dominieren.

- Die Körperwahrnehmung variiert mit dem Flugzeug und dem Tier. Im Liegen wird die Rumpfwahrnehmung ermöglicht.
- Die Abschlepper brauchen den kraftvollen und direkten Antrieb. Die Bewegungsqualitäten der Tiere und Flugzeuge variieren je nach Rollenausgestaltung.

Abb. 27: Kniebalance

Kniebalance

Ablauf: Ein Partner sitzt mit gegrätschten Beinen und aufgestellten Füßen auf dem Boden. Der andere stellt sich auf die Knie des sitzenden. Dabei kann er dessen Hände ergreifen oder frei stehen (Abb. 27).

Hinweise:

- Blickkontakt ist hilfreich, um die Aufmerksamkeit zu lenken, zu fokussieren und emotionale Sicherheit herzustellen.
- Eine Matte dient der Absicherung, falls jemand fällt.
- In dieser Aktivität wird die obere und untere Raumebene sowie die Raumrichtungen hoch und tief verdeutlich.
- Die Kniewahrnehmung wird gefördert. Für Partner B wird auch der Rumpf in der liegenden Position deutlich spürbar, während das Aufsteigen für Partner A eine Ganzkörpererfahrung mit Betonung der Knie ermöglicht.
- Beide Partner brauchen den direkten Antrieb (Fokussierung im Blickkontakt) und werden den gebundenen Fluss nutzen, um die Bewegung zu kontrollieren.

Rückenbalance

Abb. 28: Rückenbalance

Ablauf: Ein Partner ist im Vierfüßler. Der andere kniet oder steht auf dessen Rücken (Abb. 28). Der kniende Partner kann den stehenden mit der Hand unterstützen. Wenn der Partner sicher steht und es möchte, kann der untere sich vorsichtig hin und her wiegen.

Hinweis:

- Es sollte darauf geachtet werden, dass Partner A nicht auf der Wirbelsäule, sondern auf dem Becken oder mit einem Fuß auf der Schulter und einem auf der Hüfte steht.
- In dieser Aktivität wird die obere und untere Raumebene mit den Raumrichtungen hoch und tief verdeutlich.
- Für Partner B wird der Rumpf, die Knie und die Hüfte deutlich spürbar, während das Aufsteigen für Partner A eine Ganzkörpererfahrung mit Betonung der Knie ermöglicht. Die wiegende Bewegung vermittelt Ganzkörpererfahrungen
- Beide Partner brauchen den direkten Antrieb (Fokussierung im Blickkontakt) und werden den gebundenen Fluss nutzen, um die Bewegung zu kontrollieren. Im Wiegen entsteht ein Wechsel zwischen freiem und gebundenem Fluss.

Flieger

Ablauf: Ein Partner liegt mit angewinkelten Beinen auf dem Rücken, der andere legt sich mit der Hüfte auf die Füße des untenliegenden und greift dessen Hände. Der obere Partner nimmt die Beine hoch, so dass er fliegt (Abb. 29).

Variation: Mit kleineren Kindern ist eine Bruchlandung auf einer Weichbodenmatte möglich. Der obere Partner kann sich auch auf die Unterschenkel oder auf dem Rücken des Partners legen.

Hinweise:

- Es ist wichtig, Blickkontakt herzustellen, um die Aufmerksamkeit zu lenken und emotionale Sicherheit herzustellen.
- Eine gute Körperspannung ist Voraussetzung für das Gelingen dieser Aktivität (Kap. 1.3, Beispiel 9).
- Die obere und untere Raumebene wird in der großen Kinesphäre (vor allem beim Flieger) mit den Raumrichtungen hoch und tief verdeutlicht.
- Die fliegende Position bietet die Möglichkeit der Ganzkörperwahrnehmung. Für Partner B wird besonders die Betonung der Knie, des Rumpfes und der Hüfte ermöglicht.
- Beide Partner brauchen den direkten Antrieb (Fokussierung im Blickkontakt) und werden den gebundenen Fluss nutzen, um die Bewegung zu kontrollieren und zu halten.

Abb. 29: Flieger

Klammeräffchen

Ablauf: Das Kind sitzt auf dem Schoß des Erwachsenen. Dieser lehnt sich nach vorne und kommt dabei auf alle Viere. Das Kind hängt nun wie ein Klammeräffchen unter dem Bauch des Erwachsenen (Abb. 30). Wenn es sich gut anklammert, kann der Erwachsene sich vorsichtig fortbewegen.

Hinweise:

- Wenn unklar ist, ob das Kind die Körperspannung halten kann, dann sollte diese Aktivität auf einer Matte ausgeführt werden.
- In dieser Aktivität wird vor allem die Raumrichtung hoch und tief und mit der Fortbewegung auch vor vermittelt.
- Bei dem Kind wird die Wahrnehmung des ganzen Körpers gefördert. Der Erwachsene wird vor allem seinen Rumpf und die Knie spüren können.
- Das Kind braucht einen direkten und kraftvollen Antrieb, um sich festzuhalten. Bei dem Erwachsenen wird der gebundene Fluss gefördert.

Abb. 30: Klammeraffe

Umarmung

Ablauf: Der Erwachsene steht mit ausgestreckten Armen im festen Stand. Das Kind nimmt Anlauf und springt in seine Arme. Dabei hält es sich mit den Beinen an der Hüfte des Erwachsenen fest und legt die Hände um seinen Hals. Der Erwachsene hält das Kind mit den Armen fest und dreht sich dann im Kreis.

Hinweise:

- In den springenden Aktivitäten wird Umgang mit der Schwerkraft besonders gefördert.
- Auch diese Aktivität sollte auf einer Matte stattfinden, auf welcher der Erwachsene einen stabilen Stand hat.
- Die Aktivität findet in der mittleren und im Sprung oberen Raumebene statt. Die Raumrichtungen vor, hoch, tief, sowie rechts und links (in der Drehung) können erfahren werden.
- Beide Partner können eine ganzkörperliche Wahrnehmungserfahrung machen. Bei dem Kind wird im Sprung die Wahrnehmung der Knie deutlich und der Umgang mit der Schwerkraft wird erprobt.
- Im Anklammern wird der kraftvolle und direkte Antrieb gefördert, im Absprung braucht es den freien Fluss und den plötzlichen, kraftvollen und direkten Antrieb.

Im Kreis springen

Ablauf: Ein Partner steht stabil, der springende Partner stützt sich mit den Armen auf den Unterarmen des stehenden ab und springt beidbeinig ab. Dieser führt den springenden im Kreis, so dass er auf einer anderen Stelle landet als er abgesprungen ist.

Variation: Man kann von einem Bein aufs andere springen und dabei den Partner, der weiterhin führt und begleitet, halb umrunden.

Hinweise:

- In springenden Bewegungen wird der Umgang mit der Schwerkraft in besonderem Maße gefördert.

- Für beide Partner wird die mittlere und obere Raumebene mit den Raumrichtungen hoch und tief, rechts und links verdeutlicht.
- Für Partner A wird durch das Springen die Ganzkörperwahrnehmung ermöglicht, dabei werden die Knie betont. Der Umgang mit der Schwerkraft kann erprobt werden.
- Partner A benötigt im Absprung einen direkten, kraftvollen und plötzlichen Antrieb und freien Bewegungsfluss.

Kastensprung

Ablauf: Partner B ist im Vierfüßler, Partner A stützt sich an den Hüften des Partners ab und springt beidbeinig ab. Dabei bringt er die Beine in die Luft und das Gewicht auf die Hände.

Variation: Partner A kann erst hochhüpfen, dann von der einen Seite des Partners auf die andere Seite hüpfen. Diese Bewegung kann bis zu einem Radschlag entwickelt werden.

Hinweise:

- Auch hier wird der Umgang mit der Schwerkraft in besonderem Maße gefördert.
- In dieser Aktivität wird die mittlere und die obere Raumwahrnehmung sowie die Raumrichtungen hoch und tief und in der Variation auch rechts und links angesprochen.
- Für Partner A wird durch das Springen die Ganzkörperwahrnehmung ermöglicht, dabei werden die Knie betont. Auch die Schwerkraft wird spürbar.
- Partner A benötigt im Absprung einen direkten, kraftvollen und plötzlichen Antrieb und freien Bewegungsfluss.

Schaukel zu dritt – oder „Engelchen flieg“

Ablauf: Partner A wird von B und C jeweils an einer Hand und einem Fuß gehalten und geschaukelt. Am sichersten ist dabei die Unterarmfassung.

Hinweise:

- Mit kleineren Kindern kann vertikal geschaukelt werden bis das Kind stehen kann.
- Die mittlere und obere Raumebene und die Raumrichtungen hoch und tief, vor und zurück werden erfahrbar.
- Partner A wird eine ganzkörperliche Erfahrung vermittelt.
- Partner B und C benötigen den kraftvolle und direkten Antrieb, dabei eine feine Balance zwischen freiem und gebundenem Fluss, um das Schaukeln zu ermöglichen und gleichzeitig zu kontrollieren.

Dreier-Sprung

Ablauf: Partner A springt, Partner B und C stützen jeweils von der Seite. Es wird so eine Sprunghöhe erreicht, die sonst nicht möglich wäre.

Hinweise:

- Auf eine gute Begleitung bei der Landung achten.
- In springenden Bewegungen wird der Umgang mit der Schwerkraft in besonderem Maße gefördert.
- Die mittlere und obere Raumebene und die Raumrichtungen hoch und tief, vor und zurück werden erfahrbar.
- Partner A wird eine ganzkörperliche Erfahrung vermittelt, dabei werden die Knie im Absprung besonders betont und die Schwerkraft wird spürbar.
- Partner A benötigt im Absprung einen direkten, kraftvollen und plötzlichen Antrieb und freien Bewegungsfluss.

Gegeneinander

In dieser Beziehungsdimension steht die Vergewisserung und Fokussierung der eigenen Kraft im Vordergrund. Es geht nicht um Gewinnen und Verlieren. Für jeden sollen bei maximaler Anstrengung Erfolgserlebnisse ermöglicht werden. Unterstützt ein älterer Partner einen jüngeren, dann achtet dieser darauf, den anderen zu fordern, aber nicht zu überfordern. Dabei lässt er sich umschieben oder auch umdrehen, wenn der jüngere seine ganze Kraft eingesetzt hat. Bei gleichaltrigen Menschen ist auf einen Partnerwechsel zu achten, so dass jeder die Möglichkeit hat, sich als kraftvoll zu erleben. Die

AnleiterIn bietet sich als PartnerIn an, wenn einzelne Menschen besondere Unterstützung und Empathie brauchen, um ihre Kraft zu zeigen. Gleichaltrige PartnerInnen würde dies eher überfordern. Ein Händeschütteln kann den partnerschaftlichen Umgang miteinander betonen. Auch die Besprechung von Stopp-Regeln ist hilfreich, wenn es sich um eine sehr aktive und eher auseinandersetzungsfreudige Gruppe handelt.

Aufstehen

Ablauf: Partner B liegt bäuchlings auf dem Boden, der andere (Partner A) liegt quer darüber. Partner B versucht sich herauszuwinden.

Variation Gruppenaktivität: Im Spiel der *Mausefalle* steht ein Teil der Gruppe im Vierfüßler im Raum (Mausefallen) und die Mäuse krabbeln in die Fallen hinein und wieder hinaus. Manchmal schnappt eine Falle zu und die Maus muss sich dann heraus winden. Die Falle darf nicht aktiv festhalten.

Hinweise:

- Partner A versteht sich als passives Gewicht und wird selbst nicht aktiv.
- Für beide Partner wird die untere Raumebene mit den Raumrichtungen verdeutlicht. Für Partner B variieren die Raumrichtungen, abhängig von der Strategie, die er nutzt, um sich herauszuwinden.
- In der Aktivität wird eine Ganzkörpererfahrung vermittelt. Der Rumpf wird besonders betont.
- Partner A gibt der Schwerkraft nach und bewegt sich sonst nicht. Partner B braucht den kraftvollen und direkten Antrieb.

Schwertransport

Ablauf: Einige TeilnehmerInnen sind Brücken, andere Lastwagen auf dem Weg zur Baustelle. Die Lastwagen fahren unter den Brücken durch, zwischendurch bricht eine Brücke ein und legt sich auf den Lastwagen, der die Brückenteile dann als Schwertransporter transportiert, beliebig weit, entweder rutscht die Brücke langsam vom Rücken runter, wenn sie nicht mehr transportiert werden will, oder der Transporter hält an, neigt sich zu Boden und lädt die Brückenteile ab.

Hinweise:

- Die Brücken sollten langsam einstürzen und darauf achten, dass sie sich nicht auf den Kopf des Lastwagens fallen lassen.
- Die Wahrnehmung der Raumrichtungen vor, hoch und tief, und im Abladen auch rechts und links, wird in der unteren Raumebene verdeutlicht.
- Im Transport wird eine Ganzkörperwahrnehmung vermittelt, die den Rumpf besonders betont. Die Lastwagen werden auch ihre Knie deutlich spüren können.
- Die zusammengestürzten Brücken geben der Schwerkraft nach und bewegen sich sonst nicht. Zum Abrollen nutzen sie den freien Fluss. Die Lastwagen brauchen einen kraftvollen Antrieb, um die Brücken zu tragen und den direkten Antrieb, um sie zu einer Seite abzuladen. Mit dem Zeitfaktor kann gespielt werden, indem die Brücke plötzlich oder sehr allmählich abgeladen wird.

Fest wie ein Stein

Ablauf: Ein Partner sitzt in stabiler Position mit angewinkelten Beinen, aufgestellten Füßen, die Hände mit gespreizten Fingern abgelegt als Stein auf dem Boden. Der andere Partner versucht durch leichtes Drücken und Schieben die Stabilität des Steins zu testen, ohne ihn umzuwerfen. Dabei drückt er an den Knien, von vorn an den Schultern und zieht von hinten an den Schultern.

Variation: Ein Partner steht stabil im Vierfüßler, der andere versucht ihn auf den Rücken oder auf die Seite zu legen (Abb. 31).

Hinweise:

- Wichtig ist die direkte Raumrichtung einzuhalten und einen klaren Kraftimpuls zu geben.
- Es sollte kein plötzlicher Antrieb eingesetzt werden, um den anderen umzuschubsen.
- In einer Co-Therapeuten Konstellation sollte der unterstützungsbedürftigere Partner nicht umgeworfen werden. Beim Partnerwechsel lässt sich der stärkere Partner allerdings umwerfen, um in beiden Situationen ein Erfolgserlebnis zu vermitteln.

- Bei TeilnehmerInnen mit Lernbeeinträchtigungen kann der Krafteinsatz unterstützt werden, indem die Hände aufeinandergelegt und gemeinsam gedrückt wird, um ein Gefühl und Konzept von Krafteinsatz zu bekommen.
- Die Wahrnehmung der Raumrichtungen vor, zurück, rechts und links wird in der unteren Raumebene verdeutlicht und die mittlere Kniesphäre des sitzenden Partners wahrnehmbar.
- Die Körperteile, an welchen gedrückt und geschoben wird, werden besonders gut spürbar.
- Um den sitzenden Partner zu schieben oder zu ziehen, braucht es den kraftvollen und direkten Antrieb.

Abb. 31: Fest wie ein Stein

Päckchen hochheben

Ablauf: Partner A kauert sich mit dem Kopf nach unten auf dem Boden zusammen. Jetzt hebt Partner B Partner A hoch. Er hält es dabei an Brust und Taille. Partner A bleibt dabei eingerollt (Abb. 32).

Hinweise:

- Als Vorbereitung kann die „Schildkröte“(Kap. 3.1, Wahrnehmung des Körperzentrums) oder der „Ball“ (Kap. 3.2, Persönlicher Raum) angeboten werden.
- Die Wahrnehmung der Raumrichtungen hoch und tief werden in der unteren und mittleren Raumebene verdeutlicht und die kleine Kniesphäre des eingerollten Partners wahrnehmbar.

Abb. 32: Päckchen hochheben

- Durch das Halten der eingerollten Position entsteht eine Ganzkörperwahrnehmung mit besonderer Betonung des Körperzentrums.
- Beide Partner brauchen den kraftvollen und direkten Antrieb.

Päckchen auspacken

Ablauf: Das „Päckchen" (Partner A) wird durch vorsichtiges Ziehen an Armen und Beinen von Partner B auspacken.

Hinweise:

- Darauf achten, dass keine Finger verbogen und die Stopp-Regel eingehalten wird.
- Als Vorbereitung kann die „Schildkröte" (Kap. 3.1, Wahrnehmung des Körperzentrums) oder der „Ball" (Kap. 3.2, Persönlicher Raum) angeboten werden.
- Die Wahrnehmung verschiedener Raumrichtungen werden in der unteren und Raumebene verdeutlicht und die kleine Kniesphäre des eingerollten Partners wahrnehmbar.
- Durch das Halten der eingerollten Position entsteht eine Ganzkörperwahrnehmung mit besonderer Betonung des Körperzentrums.
- Beide Partner brauchen den kraftvollen und direkten Antrieb.

Rücken an Rücken

Ablauf: Der Partner, der geschoben werden soll, versucht sich nicht wegschieben zu lassen. Dabei können die Füße aufgestellt und die Hände auf den Boden gelegt werden. Außerdem kann der Partner, der geschoben werden soll, ebenfalls versuchen den anderen Partner wegzuschieben.

Hinweise:

- Diese Aktivität kann gut durch die „Lokomotive" (Kap. 3.4, Füreinander) vorbereitet werden. Der „Aufstand" (Kap. 3.4, Miteinander) bietet sich als Miteinander Aktivität danach an.
- Die Wahrnehmung der Raumrichtungen vor und zurück wird in der unteren Raumebene verdeutlicht und die mittlere Kniesphäre wahrnehmbar.
- Der Rücken und die Verbindung zu Knien und Füssen wird gut spürbar.
- Um den sitzenden Partner zu schieben braucht es den kraftvollen und direkten Antrieb, der Zeitantrieb kann variieren.

Im Liegen umdrehen

Abb. 33: Im Liegen umdrehen

Ablauf: Ein Partner liegt auf dem Bauch in X Position und hält sich am Boden fest. Der andere Partner versucht jetzt ihn durch Drücken und Schieben aus dieser Position zu bringen (Abb. 33). Dabei können unterschiedliche Körperteile ausprobiert werden, z. B. Rücken, Kopf, Füße, Schulter.

Variation: Die Aktivität kann im Vierfüßler oder in Rückenlage ausprobiert werden. In Rückenlage ist die Position weniger stabil, dafür kann Blickkontakt hergestellt werden.

Hinweise:

- Als Vorübungen bietet sich folgende Aktivitäten: Partner Rollen 1 und 2 (Kap. 3.4, Füreinander) an.

- Die Wahrnehmung aller Raumrichtungen wird in der unteren Raumebene verdeutlicht und die große Kinesphäre des liegenden Partners wahrnehmbar.
- Die Körperteile, an welchen gedrückt und geschoben wird, werden besonders gut spürbar. Bei hoher Anspannung wird eine Ganzkörperwahrnehmung mit Betonung des Körperzentrums ermöglicht.
- Um den liegenden Partner zu schieben oder zu drücken, braucht es den kraftvollen und direkten Antrieb. Der liegende Partner wird vor allem den Kraftantrieb und den gebundenen Fluss nutzen.

Gefängnisspiel

Ablauf: Partner A sitzt zwischen den Beinen des anderen (B), beide schauen dabei in die gleiche Richtung. Partner B bildet ein Haus und umschließt den vorderen Partner. Das Haus wird zum Gefängnis, indem der hintere Partner (B) den vorderen (A) fest umschließt und so versucht, ihn am Ausbruch zu hindern. Partner A versucht nun Wege zu finden, um zu entkommen. Das Gefängnis ist nicht beweglich, d. h. Partner B darf nicht reagieren (Abb. 34).

Abb. 34: Gefängnisspiel

Variation Gruppenaktivität: Die Gruppe sitzt im Kreis auf dem Boden und hakt Arme und Beine so zusammen, dass es möglichst keine Lücken in der Mauer gibt. Ein oder mehrere TeilnehmerInnen können versuchen aus dem Gefängnis auszubrechen. Dabei dürfen sie sich durch die Mauer quetschen, aber nicht darübersteigen. Die Mauersteine dürfen sich nicht mehr bewegen, wenn sie einmal gesetzt sind. Die AnleiterIn schafft Lücken, wenn nötig, damit alle erfolgreich ausbrechen können.

Hinweise:

- Vor dem Spiel werden die Stopp-Regeln besprochen.
- Es sollte auf den Einsatz des plötzlichen Antriebes verzichtet werden, da es damit schnell zu Verletzungen kommen kann.

- Alle TeilnehmerInnen können die untere Raumebene in der kleinen Kinesphäre erfahren, sowie die Raumrichtungen vor und zurück, rechts und links.
- Für den Gefängnisausbrecher ergibt sich eine ganzkörperliche Wahrnehmung, in dem Moment, in welchem er sich durch die Mauer durchschlängelt oder drückt.
- Der Ausbrecher braucht den direkten und kraftvollen Antrieb. Die Gruppe wird primär den kraftvollen Antrieb nutzen.

Miteinander

In dieser Beziehungsdimension steht die Förderung von Kooperation durch das Erleben der gegenseitigen Abhängigkeit im Vordergrund.

Ruderboot

Ablauf: Die Partner sitzen sich mit gegrätschten und übereinander gelegten Beinen gegenüber und halten sich an den Händen oder Handgelenken fest. Abwechselnd legt sich ein Partner auf den Rücken, indem er der Schwerkraft nachgibt. Durch das Zurücklehnen des Gegenübers gelangt der erste Partner wieder in die sitzende Position (Kap. 1.3, Beispiel 13).

Hinweise:

- Blickkontakt herstellen, um die Fokussierung zu unterstützen und den Beziehungsaspekt zu verdeutlichen.
- In der Aktivität sollte *keine* Kraft benötigt werden.
- In dieser Aktivität wird die Wahrnehmung der unteren Raumebene mit den Raumrichtungen vor und zurück ermöglicht.
- Die Aktivität vermittelt Ganzkörpererfahrungen, wobei der Rumpf und auch die Hüfte besonders betont wird.
- Im Ruderboot bewegen sich die Partner mit und gegen die Schwerkraft. Dazu brauchen sie den direkten Antrieb und den freien Fluss, wenn sie sich von ihrem Partner hochziehen lassen.

Doppelrolle 1

Ablauf: Die Partner liegen bäuchlings aufeinander und rollen gemeinsam.

Hinweise:

- Es sollte darauf geachtet werden, dass die Partner etwa gleich schwer sind, oder der schwerere Partner sein Gewicht beim Rollen teilweise selbst tragen kann.
- Diese Aktivität lässt sich gut mit dem Rollen (Kap. 3.4, Füreinander) und der Doppelrolle 2 kombinieren.
- Auf der unteren Raumebene wird in der kleinen Kinesphäre die Raumrichtung rechts und links, hoch und tief verdeutlicht.
- Beiden Partnern wird eine Ganzkörperwahrnehmung ermöglicht.
- Beide brauchen zur Initiierung des Rollens den kraftvollen, direkten und plötzlichen Antrieb. Im Rollen wird der freie Fluss spürbar, bei gleichzeitig gebundenem Fluss im gegenseitigen Halten.

Doppelrolle 2

Ablauf: Beide Partner liegen auf dem Rücken mit den Köpfen zueinander auf dem Boden. Sie fassen sich über dem Kopf an den Händen und rollen sich gemeinsam auf den Bauch (Abb. 35).

Abb. 35: Doppelrolle

Hinweise:

- Hier sollte der Blickkontakt gefördert werden. Ohne Blickkontakt bewegen sich die Partner meist in unterschiedlicher Geschwindigkeit.
- Diese Aktivität lässt sich gut mit dem Rollen (Kap. 3.4, Füreinander) und der Doppelrolle 1 kombinieren.
- weitere Hinweise wie bei Doppelrolle 1

Partnerbalance

Ablauf: Die Partner sitzen sich gegenüber, halten sich an den Handgelenken, die Füße aufgestellt und die Knie gebeugt. So ziehen sie sich gegenseitig in den Stand. Dann setzten sich beide wieder hin und balancieren ihr eigenes Gewicht mit dem Gewicht des Partners aus.

Variation: Die Partner stehen sich leicht breitbeinig und mit Handfassung gegenüber. Sie lehnen sich zurück, bis die Arme ausgestreckt sind und sich die Partner gemeinsam ausbalancieren.

Hinweise:

- Die Arme werden gestreckt, um ohne Kraft zu arbeiten. Die Schultern werden dabei zurückgenommen und der Po gerade gehalten.
- Blickkontakt unterstützt die Fokussierung.
- In der Aktivität können die untere und mittlere Raumebene und die Raumrichtungen hoch und tief wahrgenommen werden. In der Variation bleibt es bei der mittleren Ebene.
- Die Wahrnehmung der Knie wird besonders betont. In der Variation steht die Ganzkörpererfahrung im Fokus.
- Der kraftvolle und direkte Antrieb wird benötigt, um gemeinsam aufzustehen. Im Hinsetzen werden der allmähliche Zeitantrieb und der gebundene Fluss hilfreich sein, um nicht hinzufallen. In der Variation braucht es eine Balance zwischen gebundenem und freiem Fluss, um sich miteinander auszubalancieren.

Aufstand

Ablauf: Die Partner setzen sich Rücken an Rücken auf den Boden und versuchen gemeinsam aufzustehen ohne die Hände zu benutzen (Abb. 36).

Hinweise:

- Durch bewusstes Drücken gegen den Rücken des Partners fällt das Aufstehen leichter.
- Als Vorbereitung bieten sich die Aktivitäten „Lokomotive“ (Kap. 3.4, Füreinander) und „Rücken an Rücken“ (Kap. 3.4, Gegeneinander) an.

- In der Aktivität können die untere und mittlere Raumebene und die Raumrichtungen hoch und tief wahrgenommen werden.
- Die Wahrnehmung der Knie und des Rumpfes (Rücken) wird besonders betont.
- Der kraftvolle und direkte Antrieb wird benötigt, um gemeinsam aufzustehen. Im Hinsetzen werden der allmähliche Zeitantrieb und der gebundene Fluss hilfreich sein, um nicht hinzufallen.

Abb. 36: Aufstand

Fußkerze

Ablauf: Die Partner liegen mit den Füßen zueinander auf dem Rücken, nehmen die Beine in die Luft und rutschen möglichst nah zueinander. Dann setzen sie die Füße gegeneinander, halten sich an den Händen und ziehen sich in eine Partnerkerze (Kap. 1.3, Beispiel 12).

Hinweise:

- Je näher die Partner am Gesäß beieinander sind, desto höher können sie in der Fußbalance kommen.
- Die untere und mittlere Raumebene kann mit den Raumrichtungen hoch und tief, sowie vor (im Zusammenrücken) wahrgenommen werden.

- Mit dieser Aktivität wird eine Ganzkörperwahrnehmung vermittelt, dabei wird der Rumpf und die Hüfte betont.
- Der Einsatz des direkten und kraftvollen Antriebes im gebundene Fluss wird gefördert.

Standbalance

Ablauf: Ein Partner stellt sich mit leicht gebeugten Knien auf die Oberschenkel des anderen stehenden Partners. Beide lehnen sich leicht zurück, bis sie ihr Gewicht gemeinsam ausbalanciert haben (Abb. 37).

Abb. 37: Standbalance

Hinweise:

- Blickkontakt ist wichtig, um den Fokus zu halten und den Beziehungsaspekt zu betonen.
- Die Knie sollten leicht gebeugt sein und die Arme gestreckt, um das Ausbalancieren zu ermöglichen. Mit angewinkelten Armen halten die Partner sich mittels Krafteinsatz statt sich auszubalancieren.
- Diese Aktivität kann an der Wand oder mit Hilfestellung ausprobiert werden, bevor das Paar versucht frei zu stehen. Zum Ende sollte der obere Partner vorsichtig und ohne Sprung von den Knien seines Partners absteigen.
- Für beide Partner wird die obere und mittlere Raumebene mit den Raumrichtungen hoch und tief, vor und zurück, verdeutlicht.
- Mit dieser Aktivität wird eine Ganzkörperwahrnehmung vermittelt, dabei werden die Knie betont.
- Der Einsatz des direkten und kraftvollen Antriebes im gebundene Fluss wird gefördert. Im Stand brauchen die Partner eine Balance zwischen gebundenem und freiem Fluss, um die Bewegung zu halten und sich gleichzeitig dem anderen anzuvertrauen.

Wippschaukel

Ablauf: Ein Partner steht, der zweite sitzt, beide halten sich in Handfassung. Die Füße berühren sich an den Zehenspitzen. Der stehende Partner gibt der Schwerkraft nach, kommt zum Sitzen und zum Liegen, wodurch der andere in den Stand gezogen wird.

Hinweise:

- Blickkontakt ist hilfreich, um den Fokus zu halten und den Beziehungsaspekt zu betonen.
- In dieser Aktivität brauchen beide Partner ein ähnliches Gewicht, oder der schwerere Partner hilft dem leichteren durch aktives Aufsetzen. Dann hat die Aktivität allerdings eher einen *„Füreinander“* Charakter.
- Die mittlere und untere Raumwahrnehmung kann mit den Raumrichtungen vor, hoch und tief wahrgenommen werden.
- Mit dieser Aktivität wird eine ganzkörperliche Erfahrung vermittelt, welche Knie-, Hüft- und Rumpfwahrnehmung integriert. Der Umgang mit der Schwerkraft kann erprobt werden.
- Um die Wippe in Bewegung zu bringen, gibt der stehende Partner der Schwerkraft nach und setzt sich mit direktem und freiem Fluss hin. Durch den räumlichen Zug kann der sitzende Partner im freien Fluss mit direktem Antrieb aufstehen. Er muss in den gebundenen Fluss wechseln, wenn der Partner auf dem Boden liegt, um die Bewegung zu stoppen.

Partner Purzelbaum

Ablauf: Ein Partner liegt mit aufgestellten Beinen auf dem Rücken und hält mit den Händen die Fußgelenke des über ihm stehenden Partners fest. Der stehende Partner beugt sich nach vorne und ergreift die Fußgelenke des liegenden Partners. Verlagert der obere Partner sein Gewicht nach vorne und geht in eine Vorwärtsrolle, kommt der liegende Partner zum Stehen. Dabei kann ein fließender Ablauf von mehreren Rollen hintereinander entstehen (Abb. 38).

Hinweise:

- Auch dies ist eine eher anspruchsvolle Bewegung für körperlich aktive Menschen, die Herausforderungen suchen und ein bereits über ein gutes Maß an Körperkontrolle verfügen.

- Die mittlere und untere Raumwahrnehmung kann mit den Raumrichtungen vor, hoch und tief wahrgenommen werden.
- Mit dieser Aktivität wird eine ganzkörperliche Erfahrung vermittelt, welche Knie-, Hüft- und Rumpfwahrnehmung integriert. Die Schwerkraft wird spürbar.
- Um die Rolle in Bewegung zu setzen, braucht der obenstehende Partner einen Impuls, welche den direkten, plötzlichen und kraftvollen Antrieb beinhaltet. Dabei gibt er der Schwerkraft nach und ermöglicht das Rollen durch den freien Fluss. Der untenliegende Partner folgt im freien Fluss. Beide halten über die Rolle den direkten Antrieb im freien Fluss aufrecht, damit die Rolle geradeaus verläuft.

Abb. 38: Partner Purzelbaum

4 Anwendungsbeispiele

4.1 Gruppe mit Mädchen und Jungen der ersten und zweiten Klasse im Hort

BEISPIEL

Stundenbild 1: Die Anleiterin steht an der Turnhallentür und begrüßt jedes Kind einzeln mit Handschlag. Wenn alle da sind, ruft sie die Kindergruppe auf einer Matte zusammen und begrüßt noch mal alle mit den Worten: „Schön, dass ihr wieder dabei seid." Im Kreis fragt sie die Kinder nach Regeln für die Stunde und gemeinsam einigen sich alle auf die Stopp-Regeln und darauf, niemandem absichtlich weh zu tun. Dann schlägt sie vor, dass sich alle wie sie wollen durch den Raum bewegen. Dabei ermuntert sie die Kinder unterschiedliche Arten ausprobieren, sich die Bewegungsformen gegenseitig zu zeigen und nachzumachen. Dann ruft sie: „Wir begrüßen alle mit einer schwarzen Hose." Alle Kinder mit diesem Merkmal bleiben stehen, halten ihre Hände hin und werden von den anderen im Vorbeilaufen mit Handschlag begrüßt. Sie ruft noch verschiedene andere Merkmale auf: Blonde Haare, Geschwister, wer gerne malt usw. und weist auf den Blickkontakt bei der Begrüßung hin. Dann fragt sie die Kinder, ob sie auch Ideen haben, wer begrüßt werden soll. Die Ideen: „Lieblingsfarbe blau" und „Lieblingsessen Pizza" nimmt sie auf. Anschließend ruft sie immer vier Namen in den Raum, bis alle Kinder begrüßt wurden. Anschließend fragt sie, ob die Kinder Lust haben, das Schwertransporter-Spiel zu spielen. Dabei gibt es „Schwertransporter", die auf allen Vieren durch den Raum krabbeln und „verhexte Brücken", die plötzlich über den Schwertransportern, die unter ihnen durchkrabbeln können, zusammenstürzen. Dann können die Schwertransporter die Brückenteile so lange tragen, bis sie runterfallen oder zur Seite abgeladen werden. Jeder kann selbst entscheiden, ob er Brücke oder Schwertransporter sein will. Mit einem Kind, das sich freiwillig meldet, macht die Anleiterin die Aktivität vor. Gemeinsam wird in der Gruppe besprochen, worauf alle achten müssen, damit das Spiel Spaß macht. Zum Beispiel sollte die Brücke nicht über dem Kopf zusammenbrechen. Die Anleiterin beginnt durch den Raum zu krabbeln und die Kinder machen es ihr nach oder stellen sich als Brücken vor sie, unter welchen sie durch krabbelt. Es entsteht ein Spiel, in welchem die Kinder sich in den beiden Rollen ausprobieren, einige aber auch nur Brücken oder Schwertransporter sind. Nach einiger Zeit schlägt die Anleiterin vor, dass die Brücken jetzt besonders verhext seien und die Schwertransporter versuchen, am Weiterfahren zu hindern. Da sie Brücken wären, hätten sie keine Hände und könnten die Transporter nicht festhalten, aber ihre Pfeiler so fest am Boden haben und ihr Gewicht so schwer auf den Transporter legen, dass dieser es schwer habe, herauszukommen. Nach einer Weile fragt sie, ob die Brücken und Transporter nun vielleicht müde seien und eine Pause brauchen. Alle legen sich auf der Matte auf den Bauch. Sie sagt, dass alle sehr viel Kraft gezeigt hätten und fragt, wo sie diese besonders gespürt hätten und ob sie lieber Schwertransporter oder Brücke oder beides gewesen seien. Zum Abschluss streicht oder klopft sie allen über den Rücken und beendet so die Stunde.

Kommentierung: Das Ziel dieser Stunde liegt in der Vermittlung von Körper-, Bewegungs- und Beziehungserfahrungen. Um eine wertschätzende Atmosphäre herzustellen, begrüßt die Anleiterin jedes Kind einzeln. Das Nachfragen zur letzten Stunde ermöglicht den Kindern, sich zu erinnern und ist oft hilfreich, um die Aufmerksamkeit auf das Angebot zu lenken. Die Anleiterin beginnt die Stunde mit einem bewegungsintensiven Spiel, in welchem die Kinder ihrem Bewegungsdrang nachgehen können und gleichzeitig eine Gruppenatmosphäre entsteht, indem sich

a. alle begrüßen und
b. Bewegungen vorgemacht und imitiert werden können.

Auf der Bewegungsebene kann jedes Kind die eigenen Vorlieben umsetzen und sich darüber hinaus von den anderen inspirieren lassen. Für die Anleiterin bietet sich die Möglichkeit, Bewegungspräferenzen der Kinder zu beobachten. Jedes Kind wird gesehen und zur Eigenaktivität und Mitgestaltung aufgefordert. Mit dem Schwertransporterspiel setzt sie die Beziehungsdimensionen des *Füreinander* und später *Gegeneinander* mit einer *aktiv-passiv-Rollenverteilung* in einer kindgerechten Spielform um. Das Schwertransporterspiel ist so aufgebaut, dass die Kinder erst vertrauensvolle Erfahrungen des Sichtragenlassens (*Füreinander* = unterstützt werden) und des Krafthabens (*Füreinander* = Unterstützung bieten) machen, bevor sie in ein *Gegeneinander* gehen. Auf der Bewegungsebene wird das Erleben des freien Flusses (Brückeneinsturz, sich tragen lassen), des Kraftantriebs (Schwertransporter) und des direkten Raumantriebs (Brücke, die den Schwertransporter einklemmt) ermöglicht. In allen Aktivitäten können die Kinder selbst bestimmen, welche Rolle sie einnehmen wollen und welche Partner sie sich suchen, mit denen sie engeren Körperkontakt (Brückeneinsturz) eingehen wollen. Die Anleiterin ist Teil der Gruppe und stellt sich als Partnerin zur Verfügung. Dabei nimmt sie aktiv Kontakt zu Kindern auf, die besondere Unterstützung in der Beziehungsgestaltung brauchen. Mit der Abschlusssequenz fördert sie die Körperwahrnehmung, das „Hinhören", verstärkt die Kinder positiv und nimmt wieder zu jedem Kind zur Verabschiedung Kontakt auf, so dass es sich gesehen fühlt und Sicherheit in der Beziehung zur Anleiterin vermittelt bekommt.

4.2 Gruppe für kognitiv beeinträchtigte Mädchen und Jungen zwischen sechs und zehn Jahren

BEISPIEL

Stundenbild 2: Die Anleiterin spricht jedes Kind mit Namen an, berührt es dabei an der Schulter oder am Knie und nimmt Blickkontakt auf. Sie fordert die Kinder so persönlich auf, sich möglichst nah zu ihr zu setzen. Dann schlägt sie vor, gemeinsam eine kurze Stecke auf dem Po rückwärts von der Gruppe weg zu rutschen und wieder nach vorn zu rutschen. Das Rutschen wird durch die Hände und die Füße unterstützt. Nach ein paar Wiederholungen hat die Anleiterin die Idee, schnell nach vorn und langsam zurück oder auseinander zu rutschen. Nach mehrmaliger Wiederholung und einem letzten Rückwärtsrutschen fragt sie, ob alle auf dem Bauch liegen können. Mittlerweile ist durch das Rutschen ein Kreis entstanden. Alle können einander anschauen. Alle ziehen sich nun mit den Händen und Ellbogen nach vorn, aufeinander zu und drücken sich mit den Händen wieder voneinander weg. Nach mehreren Bewegungen vor und zurück, wobei auch der Tempounterschied ausprobiert wird, beginnt die Anleiterin auf dem Boden liegend mit den Händen auf den Boden klatschen und die Kinder machen mit. Dies macht die Gruppe bis die ersten Kinder signalisieren, dass es reicht. Dann fragt die Anleiterin, ob sich alle Kinder aufsetzen und auf dem Po im Kreis drehen können. Sie drückt sich mit den Händen fest ab, beginnt sich zu drehen. Als mehrere Kinder umfallen, macht die Anleiterin dies nach und sagt dazu laut „Das versuche ich auch mal, wer noch?". Eine Bewegungsaktivität des Drehens, Fallens und Aufsitzens entsteht. Die Anleiterin bittet ein Kind, das sich besonders frei und flüssig fallen lässt, die Aktivität vorzumachen, so dass alle die Bewegung probieren können. Nach einer Weile fragt die Anleiterin, ob die Kinder rollen können, und beginnt, selbst durch den Raum zu rollen. Während der Aktivitäten lobt und verstärkt die Anleiterin immer wieder verschiedene Kinder. Auch ermutigt sie Kinder, die sich noch nicht trauen, und lobt ihre Initiative. Nach einer Weile des gemeinsamen Rollens fragt die Anleiterin, ob die Kinder Lust haben, durch den Raum zu rennen. Die Kinder nehmen die Idee begeistert an und alle überlegen sich verschiedene Formen, z. B. Springen wie ein Hase oder wie ein Frosch. Die Anleiterin fragt, wer ein Tier und seine Bewegung weiß und alle machen die Bewegung dazu. Als letzten Vorschlag gibt die Anleiterin die Idee, wie eine Schlange zu kriechen. Dabei zieht sie sich mit Knie und Ellbogen über den Boden. Zum Abschluss sagt die Anleiterin, dass manche Schlangen krank sind, nicht mehr kriechen können und deshalb von anderen an Füßen in das Schlangenkrankenhaus gezogen werden müssen. Hier schaut sie, dass die Kinder die Rollen wechseln können und bietet sich selbst als Krankentransport oder kranke Schlange an. Zum Abschluss setzt sich sie sich auf den Boden und ruft alle Kinder auf dem Po wieder nah zusammen zu rutschen. Sie beendet die Stunde, indem sie fragt, was den Kindern in der Stunde am besten gefallen hat und was sie vielleicht nächste Woche wieder machen wollen.

Kommentierung: Diese Stunde hat einen Schwerpunkt in der Körper- und Bewegungswahrnehmung, bevor zum Ende auch Beziehungserfahrungen im *Füreinander* angeboten werden. Die persönliche Beziehung zur Anleiterin bietet dabei einen Rahmen, der durch die körperliche und verbale Kontaktaufnahme bei der Begrüßung und Verabschiedung jedes Einzelnen gesteckt wird und emotionale Sicherheit vermitteln soll. Auch die Kommentare innerhalb der Stunde (Initiative loben, die Aktivitäten einzelner Kinder verbalisieren) zeigen, dass die Anleiterin die Kinder wahrnimmt und ihre Anwesenheit wertschätzt. Die Struktur der Stunde zeigt, dass mit der Gruppenwahrnehmung und der Wahrnehmung der Körpermitte begonnen wird. In der Aktivität des Aufeinanderzu- und Voneinanderwegrutschens wird ein Gruppengefühl etabliert und das Zueinander durch die Temposteigerung betont. Gleichzeitig wird in einer kontrollierten Bewegung die Körpermitte spürbar. Mit dem Liegen auf dem Bauch wird eine andere Raumebene eingenommen und die oberen Extremitäten, Ellbogen und Hände, durch die drückende und ziehende Fortbewegung fokussiert. Das Klatschen auf dem Boden bietet kraftvolle, plötzliche und direkte Bewegungserfahrung und macht den meisten Kindern viel Spaß. Auch entsteht oft ein gemeinsamer Rhythmus, der wie die Lautstärke des Klatschens, das Gemeinschaftsgefühl verstärkt. In der Sequenz des Drehens, Fallens und Aufstehens initiiert die Anleiterin das Erleben des freien Flusses. Die Kinder können sich je nach Vorliebe mehr oder weniger kontrolliert fallen lassen und sich der Schwerkraft hingeben. Im Fallen und Hinsetzen wird wieder die Körpermitte betont. Auch können die unterstützenden Extremitäten, hier Arme und Beine, besonders wahrgenommen werden. Mit einem weiteren Wechsel auf den Boden und die rollende Bewegung wird eine Ganzkörpererfahrung ermöglicht, die freien Fluss begünstigt, da jedes Rollen im Kippen von der Rücken- in die Bauchlage und zurück einen kurzen Moment des Wechsels zwischen freiem und gebundenen Fluss beinhaltet. Die Kinder können selbst entscheiden, ob sie eher kontrolliert rollen und freien Fluss nur bedingt zulassen oder ob sie im freien Fluss durch den Raum kullern und ihre Bewegung kaum kontrollieren. Die Wahrnehmung der Knie und der Hüfte als gewichtstragende Köperteile wird durch springende und hüpfende Bewegungen im Laufen fokussiert. Das Tiermotiv spricht die Kreativität der Kinder an und jeder kann überlegen, wie sich das Tier bewegt. Auch werden die Kinder aufgefordert, eigene Ideen einzubringen, die die anderen nachmachen. In der schlängelnden Bewegung werden Ellbogen und Knie besonders wie auch die Wirbelsäule besonders deutlich spürbar. Mit dem Bild der kranken Schlange kommen die Kinder von der Gruppenaktivität zu einer Partnersituation. In dieser *Füreinander-Beziehung* übernimmt der Krankdienst die Verantwortung, die kranke Schlange kann den Transport genießen. Der frei wählbare Rollenwechsel ermöglicht verschiedene Erfahrungen von Kompetenzerleben und Versorgung. Mit dem Abschlusskreis nimmt die Anleiterin eine bekannte Bewegung auf und vermittelt so Sicherheit. Über den Verlauf der Stunde wird deutlich, wie die Anleiterin vielfältige Möglichkeiten der Selbstbestimmung, Partizipation und Kreativität bietet. Die Kinder haben viele Möglichkeiten, eigene Wege zu finden und in der Gestaltung der Stunde mitzuwirken. Die Anleiterin ist im Geschehen Gruppenmitglied, gibt so die Möglichkeit des Modelllernens in Bewegung und Beziehungsgestaltung. Die Entwicklung von emotionaler Sicherheit und Erfolgserleben versucht sie durch positive verbale Verstärkung und Nachfragen zum Erleben zu unterstützen. In den Bewegungsaktivitäten wird von begrenzten zu weiten Bewegungen variiert und verschiedene Bewegungsqualitäten angeboten, wobei der freie Bewegungsfluss besonders betont wird. Die Raumwahrnehmung wird durch die wechselnden Ebenen gefördert.

4.3 Gruppentherapie mit Mädchen zwischen 13 und 16 Jahren in der Kinder- und Jugendpsychiatrie

BEISPIEL

Stundenbild 3: Die Mädchen stellen sich mit der Anleiterin in einen Kreis. Die Bewegungstherapeutin begrüßt alle und jedes Gruppenmitglied, auch die Therapeutin, gibt kurz die eigene Befindlichkeit mit einem Daumenzeichen an. Dazu können alle einen Grund nennen, wenn sie wollen. Die Bewegungstherapeutin stellt Musik an und alle bewegen sich durch den Raum, recken und strecken sich, wie sie mögen. Dann leitet sie eine Körperreise an, welche sie selbst mitmacht. Von den Zehen über die Wirbelsäule bis zum Kopf werden der Reihe nach alle Gelenke bewegt. Die Bewegungstherapeutin fragt dazu immer wieder, welches Gelenk als nächstes kommt, die Musik unterstützt die Bewegungen. Gemeinsam werden Bilder gesucht, wie man sich bewegt, z.B. wie eine indische Tänzerin bei der Bewegung der Handgelenke, wie Jennifer Lopez bei der Bewegung der unteren Wirbelsäule. Es entsteht eine lustige Gruppenstimmung. Es folgt eine Aktivität zu Gruppenwahrnehmung: Alle bewegen sich im Raum auf unterschiedlichen Raumebenen (Oben = springen, Mitte = unterschiedliche Gangformen, Unten = kriechen, krabbeln, rollen, ...). Sobald eine Person die Raumebene wechselt, wechseln alle anderen auch. Die Bewegungstherapeutin benennt die verschiedenen Bewegungsformen, die die Mädchen finden und ermutigt, nachzumachen, auszuprobieren und bringt selbst welche ein. Mit einer Bewegung auf der unteren Raumebene beendet sie die Musik und fordert alle auf, sich zu zweit zusammenzufinden und Rücken an Rücken zu setzten. Die Mädchen sollen ihre Partnerin erspüren und sich dann möglichst nonverbal einigen, wer wen mit dem Rücken durch den Raum schiebt. Es entsteht ein lebendiges Wechselspiel von Schieben und Geschoben werden, begleitet durch viel Lachen und Gekicher. Dann bietet die Bewegungstherapeutin die Variation an, sich vielleicht nicht mehr wegschieben lassen zu wollen. Die Mädchen gehen direkt in eine Rückenrangelei, bei welcher jede versucht, ihre Partnerin wegzuschieben. Alle haben sichtlich Spaß. Als die Bewegungstherapeutin merkt, dass die meisten genug gerangelt haben, zählt sie langsam von zehn runter auf null, beide Partnerinnen können sich nun ausruhen und aneinander anlehnen. Sie bietet an, dass die Paare einen gemeinsamen Wiege Rhythmus finden können, der ihnen gefällt. Nach einiger Zeit fragt sie, ob die Paare wohl miteinander aufstehen können. Dabei ermutigt sie die Gruppe, sich gegenseitig Tipps zu geben, wie das wohl am besten klappt. Auch bietet sie einen Partnerwechsel an. Nach dem gemeinsamen Aufstand schüttelt sich das Paar für die gute Zusammenarbeit die Hände und jeder suchen sich neue Partner, bis alle miteinander aufgestanden sind. Zum Abschluss stellen sich alle in einen Kreis, drehen sich nach rechts und klopfen sich gegenseitig den Rücken ab mit den Worten: „Das haben wir prima gemacht“. Die Bewegungstherapeutin gefragt, wie das Körpergefühl ist, welche Körperteile besonders deutlich spürbar sind, welche Aktivität die einzelnen Mädchen besonders mochten und welche vielleicht eher nicht. Im Kreis zeigt wieder jedes Gruppenmitglied die Stimmung an und die Stunde wird mit einer Verabschiedung beendet.

Kommentierung: Die Ziele dieser Stunde liegen in der Vermittlung von Körperwahrnehmung als stabilisierende Erfahrung, bevor Aktivitäten zu allen drei Dimensionen der Beziehungsgestaltung angeboten werden, in denen sich die Mädchen ausprobieren können. Beide Themen sind für die bewegungsorientierte Arbeit mit dieser Zielgruppe bedeutsam (Welsche 2006; Welsche/Romer 2008). In der Anfangsrunde versucht die Bewegungstherapeutin durch die Begrüßung eine persönliche Beziehung zu jedem Mädchen anzubieten und Gruppengefühl zu etablieren, indem sie auch selbst ihre Stimmung angibt. Die Stunde beginnt dann mit der eigenen Körperwahrnehmung durch die Körperreise und den Ebenenwechsel. Während die Körperreise eher ruhig ist, steigt die Dynamik und die Anstrengung mit dem Ebenenwechsel. Diese Bewegungen sind ganzkörperlich und fokussieren die Körpermitte. Gleichzeitig wird die Gruppenwahrnehmung gefördert. Die Anleiterin ist in jeder Sequenz aktiv dabei. Dabei möchte sie als Teil der Gruppe wahrgenommen werden, aber auch selbst Impulse geben können. Die Kreativität der Mädchen wird durch Nachfrage unterstützt und Partizipation positiv verstärkt. Auch wird der Austausch untereinander gefördert. Mit der Sequenz „Rücken an Rücken“ werden die verschiedenen Beziehungsdimensionen eingebracht. Mit der Aktivität „Schieben und Geschoben werden“ wird der gezielte Krafteinsatz der Mädchen im *Füreinander* unterstützt. Auf der Bewegungsebene werden der direkte Raumantrieb und der Kraftantrieb gefördert. Das Körperzentrum und die Verankerung über den Po, die Knie und Füße in den Boden unterstützen den Krafteinsatz und ermöglichen eine ganzkörperliche Erfahrung sowie die Stabilisierung der Körperverbindungen. Aus der Erfahrung des „Kraft haben“ wird in eine *Gegeneinander-Aktivität* übergeleitet. Die Anleiterin achtet darauf, dass alle Partnerinnen in etwa gleichstark sind und bietet sich selbst als Partnerin für besonders unsichere oder besonders starke Mädchen an, so dass ein freudvolles Erleben möglich wird. Mit der Entspannung im Wiegen und dem Aufstand wird die Beziehungsdimension *Miteinander* aufgegriffen. Zur Bewältigung der Bewegungsaufgabe „Aufstand" braucht es das Vertrauen beider Partner ineinander, sich gegeneinander lehnen zu können und so aufzustehen. Übernimmt jede ihr eigenes Gewicht, wird das gemeinsame Aufstehen nicht gelingen. Die *Füreinander-* und *Gegeneinander-Aktivitäten* haben die Voraussetzungen geschaffen, um das eigene Körpergewicht abzugeben. Der Abschlusskreis dient der Gruppensicherheit und bietet die Möglichkeit, das Erlebte zu reflektieren. Die Tiefe der Reflexion kann je nach Setting und Zielsetzung des Angebotes variieren.

4.4 Eltern-Kind-Gruppe mit drei- und vierjährigen Kindern

BEISPIEL

Stundenbild 4: Die Eltern-Kind-Paare nehmen im Anfangskreis zur Begrüßung und zur Befindlichkeitsabfrage per Daumencheck Platz. Die Anleiterin gibt einen kurzen Ausblick auf den Ablauf der Stunde. Dabei macht sie die Aktivität „Fahren" pantomimisch vor. Diese wird von den Kindern schnell erraten und alle erzählen kurz, womit sie selbst gerne fahren. In der Kreismitte wird ein Fallschirm ausgebreitet. Dieser stellt einen Bus dar, in den alle Kinder einsteigen dürfen. Die Eltern ziehen das Tuch durch den Raum. Traut sich etwa ein Fahrgast aufzustehen? Die Anleiterin beschreibt, was sie sieht, und ermutigt die Kinder. Während der Bus noch fährt, verteilt sie kleinere Decken im Raum. An jeder Decke hält der Bus und ein Fahrgast kann herausspringen. So verlassen nach und nach die Paare das große Gefährt und die Kinder steigen in kleinere „Autos" um. Die Mutter oder der Vater zieht die Decke, das Kind sitzt darauf. So „fahren" sie durch den leeren Raum, später um ausgelegte Matten und variieren in Tempo und Richtung bis sie schließlich auf einer Matte „parken". Zunächst experimentieren sie, wie die Decke verwendet werden kann, z.B. zum Einwickeln, Rollen oder als Hängematte, wenn zwei Erwachsene die Decke schaukeln. Dann bauen die Eltern für die Kinder ein „Haus": Mutter oder Vater im Vierfüßlerstand bilden das Haus, die Kinder krabbeln von unterschiedlichen Seiten hinein und hinaus, schauen aus dem Fenster. Der Rücken der Eltern kann eine Dachterrasse sein. Eine Mutter baut ein besonders großes Haus, indem sie sich – anstatt zu knien – auf die Füße stellt und dabei die Hände am Boden lässt. Zwei weitere haben Doppelhaushälften geschaffen. Ein Vater schüttelt sich leicht und fordert das

Geschick seines Kindes heraus, sich auf dem „Hausdach“ zu halten. Beide lachen laut. Die anderen Paare werden aufmerksam und ahmen nach. Die Anleiterin nimmt die Idee auf und beschreibt, wie ein Wind aufzieht, der die Häuser wackeln lässt. Einige Kinder klammern sich auf dem Rücken der Eltern fest, andere halten sich von unten und umschlingen den Rücken des Elternteils mit Armen und Beinen. Aus dem leichten Schütteln wird eine Fortbewegung und eine neue Matte wird aufgesucht. Auf dem neuen Platz angekommen, dürfen es sich die Kinder gemütlich machen und werden von einem Elternteil gewiegt. Die Anleiterin regt die Kinder an, sich wie eine Kugel zusammen zu ziehen. Dabei sitzen sie vor den Elternteilen und lehnen sich an deren Oberkörper an, welche sich sanft hin- und herbewegen. Die Eltern umschließen das Kind dabei mit den Armen unterschiedlich. Einige Kinder möchten ausprobieren, ihre Eltern zu wiegen. Sie stellen sich hinter ihren Elternteil und freuen sich, diese durch Schaukeln an den Schultern in Bewegung zu bringen. Anschließend setzen sich die Paare Rücken an Rücken auf den glatten Boden neben die Matte und die Kinder werden durch den Raum geschoben, dabei kommt es auch zu einem Krafteinsatz im gegeneinander gerichteten Schieben. Die Paare werden von der Anleiterin ermutigt mit dem spürbaren Widerstand zu experimentieren.

Die Eltern kehren nach ein paar Minuten langsam zur Matte zurück und bilden im Vierfüßlerstand eine „Mausefalle“, während die Kinder, durch die Anleiterin zu Mäusen verwandelt, durch die Halle krabbeln. Bewegen sie sich unter den Eltern durch, kann es sein, dass die Mausefalle zuschnappt. Die Mutter oder Vater legt sich auf das Kind und hält es durch den dosierten Einsatz ihres Gewichts fest, sodass es sich herauswinden muss. Zur Veranschaulichung macht es die Anleiterin mit einem Kind, das sie gut kennt und das sich bereit erklärt, vor. Eltern und Kinder genießen das Spiel sehr, es wird viel gelacht. Zum Abschluss wird ein Tunnel aus allen Eltern im Vierfüßlerstand gebildet. Die Kinder dürfen mehrere Runden hindurch krabbeln, bevor die Stunde mit einem Abschlusskreis beendet wird. Die Anleiterin verabschiedet jedes Kind und die Eltern persönlich an der Tür mit Handschlag.

Kommentierung: In diesem Angebot wird die Sherborne-Bewegungspädagogik zur Stärkung der Eltern-Kind-Beziehung eingesetzt. Die Stunde beginnt mit einem Ritual, in welchem jeder Teilnehmer gesehen wird und Gelegenheit hat, sich der Gruppe mit der eigenen Stimmung zu zeigen. Mit dem

Ausblick auf die Stunde versucht die Anleiterin, Sicherheit zu vermitteln, so dass sich die TeilnehmerInnen auf die verschiedenen Aktivitäten einlassen können. Die erste Aktivität wird so eingeführt, dass das Gezogenwerden für alle Beteiligten sinngebunden erfahren werden kann. Dazu führt sie, unter Beteiligung der Kinder, ein Thema ein: Das Fahren, welches sich durch den ersten Teil der Stunden zieht und so ein Strukturierungsmerkmal darstellt. Auf der Beziehungsebene wird mit dem großen Bus die Wahrnehmung der Kinder und der Eltern untereinander gestärkt und ein gemeinschaftliches Erlebnis ermöglicht, bevor alle in Partnerarbeit übergehen. Die Eltern unterstützen ihre Kinder (*Füreinander*), sowohl im Spiel mit der Decke als auch der anschließenden „Hausbesetzung", und ermöglichen ihnen vielfältige Bewegungsformen. Dabei werden sie von der Anleiterin ermutigt, ihr Handeln auf die Stimmung des Kindes abzustimmen. Die Anleiterin greift Ideen aus der Gruppe auf und ermuntert, eigene Variationen zu finden und auszuprobieren. So werden die Kreativität und die Selbsttätigkeit gefördert und gleichzeitig der Transfer in den Alltag erleichtert. Die Kinder dürfen klettern und krabbeln und werden herausgefordert, sich trotz Windes auf dem Hausdach zu halten. Dabei können sie sich als kräftig erleben und werden insbesondere im Festklammern gleichzeitig in ihrer Körperwahrnehmung gefördert. Nach der aktiven Situation bietet die Anleiterin nun die ruhige und erholsame Aktivität des Wiegens an, in welcher auch die Kinder die VersorgerInnen sein dürfen und sich so als kompetent und vertrauenswürdig erleben können. Mit den Aktivitäten des „Rücken an Rücken" und der „Mausefalle" werden *Gegeneinander-Situationen* eingeführt, die mit einer gemeinschaftlichen Aktivität des Tunnels enden. Neben der Erfahrung der eigenen Kraft werden gerade in der Mausefalle Ganzkörpererfahrungen vermittelt, die Kinder oft sehr genießen. Durch das Gewicht der Erwachsenen und auch im Herauswinden können sie ihre Körpergrenzen gut spüren und erleben sich gleichzeigt als handlungsfähig und erfolgreich. Die Erwachsenen werden dabei angeregt, möglichst feinfühlig zu agieren, ihre eigene Kraft zu dosieren und bewusst gegenüber dem Kind einzusetzen. Der Tunnel nimmt die Vierfüßlerposition weiter auf und bietet wieder eine *Füreinander-Aktivität* der Eltern für ihre Kinder. Um die Beziehung zu den Teilnehmerinnen zu stärken, werden alle an der Tür persönlich verabschiedet.

4.5 Frühförderung mit einem vierjährigen Jungen

BEISPIEL

Stundenbild 5: Leon, vier Jahre alt, kommt seit einem halben Jahr in die Frühförderung. Er ist sehr reizoffen, leicht ablenkbar, motorisch unruhig und schnell unkonzentriert. Blickkontakt meidet er. Seine Wahrnehmung ist eher schwach, vor allem taktil spürt er sich schlecht. Das Ziel der Intervention liegt in der Förderung der Körperwahrnehmung, der Kontaktaufnahme und der Aufmerksamkeit. Die Pädagogin lädt Leon zu Beginn der Stunde ein, sich eng in eine Matte einzurollen. Die Begrenzung gefällt ihm und als sie in den entstandenen Tunnel hineinschaut, schafft Leon es, Blickkontakt aufzunehmen und zu halten. Danach lässt sie Leon auf einem Gymnastikball wippen. Sie kippt ihn vorsichtig hin und her. Leon hat viel Spaß an der Bewegung und kann wieder Blickkontakt aufnehmen, der ihm hilft, sein Gleichgewicht zu halten. Anschließend möchte er auf ihrem Rücken reiten. Diese Aktivität kennt er schon aus anderen Stunden. Er klettert wie ein Äffchen an ihr hoch und die Pädagogin trägt ihn eine Weile durch den Raum. Dabei beugt sie sich so nach vorn, dass Leon entspannt liegen kann. Sie geht dann in den Vierfüßer, trägt Leon noch ein paar Runden und kippt ihn dann leicht zur Seite, so dass er sich abrollen kann. Als sie sich auf den Boden setzt, klettert er sich in ihren Arm und die Pädagogin schaukelt Leon im Schaukelpferd. Leon gefällt das Wippen sehr, er lacht fröhlich und fordert es immer wieder ein. In der Variation mit Blick zur Pädagogin kann er den Blickkontakt herstellen und halten, genau wie in der anschließenden Kniebalance. Auch hier lächelt er und scheint sich über seine Leistung sehr zu freuen. Zum Ende der Stunde möchte Leon sich eine Bärenhöhle bauen und Winterschlaf halten. Damit der Bär einschläft, legt die Pädagogin eine Rolle in die Bärenhöhle, auf der Leon sanft auf dem Bauch liegend geschaukelt wird. Dabei massiert sie ihn mit unterschiedlichen Materialien und Bürsten. Leon schließt die Augen und bleibt für mehrere Minuten ruhig liegen. Ab und zu schnarcht Leon als Bär laut. Zum Schluss wird der Bär geweckt, darf alle Körperteile kräftig ausschütteln und dann gestärkt nach Hause gehen.

Kommentierung: In der Frühförderung mischt die Pädagogin Angebote mit Material und Sherborne-Aktivitäten, um Leons Aufmerksamkeit, Ganzkörperwahrnehmung und Beziehungsaufnahme zu fördern. Das Einrollen in der Matte gibt ihm die Erfahrung der körperlichen Begrenzung und unterstützt den Blickkontakt. Diesen kann er beim lustvollen Wippen auf dem Ball halten, denn er hilft ihm, sein Gleichgewicht zu halten. Gleichzeitig ermöglicht diese Aktivität ihm die Erfahrung seiner Körpermitte. Mit dem entspannenden Tragen auf dem Rücken bietet die Pädagogin Leon eine *Füreinander-Aktivität* an, die er genießt und vertrauensvoll annimmt. Dabei setzt sie gleichzeitig Impulse der Körperwahrnehmung (Rumpf und Körperzentrum) über die schaukelnde Bewegung des Getragenwerdens. Leon fordert mit dem Schaukelpferd eine weitere *Füreinander-Aktivität* ein. Hier erlebt er die emotionale und körperliche Unterstützung der Pädagogin und durch die enge Umfassung durch sie gleichzeitig die Wahrnehmung seiner Körpergrenzen. Er genießt den freien Bewegungsfluss und erlebt den direkten Raumantrieb in der Vorwärts-Rückwärtsbewegung. Mit dem Richtungswechsel im Schaukelpferd gibt ihm die Pädagogin wieder die Möglichkeit, Blickkontakt aufzunehmen. Die herausfordernde Aktivität der Kniebalance bietet Leon einen unterstützenden Rahmen, um sich zu konzentrieren, zu fokussieren und ein Erfolgserlebnis zu haben. Die Pädagogin unterstützt ihn wieder mit Blickkontakt, der ihm hilft, sich zu fokussieren. Die abschließende Sequenz in der Bärenhöhle bietet ihm Entspannung, beruhigende Körperwahrnehmung und Versorgung durch die Pädagogin.

4.6 Inklusive Gruppe mit Kindern zwischen vier und zehn Jahren

BEISPIEL

Stundenbild 6: Die jüngeren Kinder in dieser Gruppe sind körperlich und kognitiv schwer beeinträchtigt. Sie können nur sehr eingeschränkt lautsprachlich kommunizieren und sind auf Rollstühle angewiesen. Die älteren Kinder gehen in eine Regelschule. Gemeinsam bilden sie Paare, die sich zum Zeitpunkt dieser Stunde bereits seit längerem kennen. Die älteren Kinder heben gemeinsam und mit Unterstützung der Anleiterin und zwei erwachsenen Begleitpersonen die jüngeren Kinder aus dem Rollstühlen, setzen sich gemeinsam mit ihnen auf den glatten Boden und bilden mit der Gruppe einen Kreis. Dabei sitzen die älteren hinter den jüngeren Kindern. Alle sitzen mit Blick in den Kreis, so dass Blickkontakt zu Gruppe aufgenommen werden kann. Die jüngeren Kinder können sich mit dem Rücken an ihren PartnerInnen anlehnen und werden von diesen wenn nötig im Sitzen stabilisiert. Alle TeilnehmerInnen werden von der Anleiterin mit einem Händeschütteln begrüßt. Die folgenden Aktivitäten werden von der Anleiterin beschreiben, vorgemacht und während der Bewegungen immer wieder kommentiert. Als erstes bewegen sich die älteren Kinder auf den Sitzbeinhöckern langsam rückwärts von der Gruppe weg und langsam vorwärts wieder auf die Gruppe zu. Dabei umfassen sie ihre PartnerInnen mit Armen und Beinen und rutschen mit ihnen in der schaukelnden Bewegung über den Boden. Sie achten auf die Körpersignale ihrer PartnerInnen, ob sie lieber weniger oder lieber mehr geschaukelt werden wollen. Nachdem die Gruppe mehrmals auseinander- und wieder zusammengerutscht ist, beginnen die Paare gemeinsam vor, zurück und zur Seite zu schaukeln, wobei die jüngeren Kinder immer noch zwischen den Beinen der älteren sitzen. Hierbei sagen die älteren Kinder an, in welche Richtung sie sich gerade bewegen und wiederholen die Richtung viele Male, bevor sie sie wechseln. Die Paare schaukeln unterschiedlich hoch und alle genießen die Bewegungen sichtlich. Viele der jüngeren Kinder machen Geräusche, mit denen sie die Freude an der Bewegung zeigen. Nach einiger Zeit heben die älteren ihren jüngeren Partner auf eine Decke, fassen diese an der Fußseite an und ziehen sie langsam durch den Raum. Einige fassen das Kind, dass sie begleiten, auch direkt an den Füßen und ziehen es ohne Decke über den rutschigen Boden. Dabei gehen die älteren Kinder kurvige und gerade Raumlinien, sie variieren das Tempo und schauen, welche Bewegungen ihren PartnerInnen besonders gefallen. Zum Abschluss werden alle jüngeren Kinder auf eine große Decke gelegt und gemeinsam gezogen. Dabei können sie Körperkontakt zueinander haben, wenn sie es mögen. Die Stunde endet wieder im Sitzkreis. Die Anleiterin verabschiedet alle Kinder mit Handschlag.

Kommentierung: Diese inklusiv gestaltete Stunde ermöglicht Bewegungsbeziehungen zwischen Kindern mit und ohne Beeinträchtigungen. Der Spaß aller Beteiligten im gemeinsamen Tun steht im Vordergrund der Aktivitäten. Für die jüngeren Kinder werden durch die Bewegungsbeziehung zu den älteren Kindern Körper- und Bewegungserfahrungen vermittelt, die ihnen aufgrund ihrer Behinderung sonst nicht möglich wären. Die älteren Kinder müssen besonders achtsam sein und die nonverbale Kommunikation ihrer PartnerInnen zu deuten wissen. Niemand sollte in eine ihm unangenehme Situation gebracht werden. Häufig sind Entspannung und lebendiges Lautieren Zeichen für Wohlbefinden, während Anspannung und Abwenden Zeichen von Unbehagen sein können. Da alle Paare sich schon seit längerem kennen, sind sie mit den individuellen Kommunikationsformen ihrer PartnerInnen vertraut. Die älteren Kinder sind herausgefordert, feinfühlig zu erspüren, wenn ihre PartnerInnen selbst die Initiative übernehmen, z. B. durch minimale Gewichtsverlagerung, um zu zeigen, dass sie weiter schaukeln wollen. Diese Initiative kann verbalisiert werden, so dass das jüngere Kind nicht nur spürt sondern auch hört, was es tut. Durch den direkten körperlichen Kontakt können die Paare in einen Dialog treten, der ihnen die gemeinsame Bewegung ermöglicht. In der Erfahrung des Sitzhöckerganges wird die Raumrichtung rechts und links, vorne und hinten, erlebt und die Wirbelsäule gespürt. Auch die Hüfte wird in dieser Bewegung betont. Die schaukelnden Bewegungen spielen mit dem Gleichgewicht. Das jüngere Kind kann den freien Fluss erleben, und bekommt gleichzeitig Raumerfahrungen des rechts und links und vor und zurück vermittelt. Die enge Umfassung durch ihre PartnerInnen vermittelt nicht nur Sicherheit, sondern auch die körperliche Erfahrung des eigenen Rumpfes. Je nach Vorliebe der Kinder können die schaukelnden Bewegungen sehr seicht oder auch schwungvoll sein und bis zu Positionen des Kopfüberseins führen, die von vielen Kindern sehr genossen wird. Mit der Aktivität auf der Decke wird den jüngeren Kindern die Körperwahrnehmung der eigenen Rückseite vermittelt. Je nach gelaufenem Raumweg wird auch die Beweglichkeit der Wirbelsäule gut spürbar. Hierzu ist ein entspannter Körpertonus Voraussetzung. Falls Kinder zu angespannt sind, sei es aus psychische oder aus körperlichen Gründen, ist es wichtig, langsam und nur sehr weiche Raumwege zu gehen, um die Entspannung und damit einhergehende Elastizität der Wirbelsäule zu fördern. Die Position zu Füßen des gezogenen Kindes unterstützt die Aufnahme des Blickkontaktes, welcher Orientierung und Sicherheit geben kann. Für die älteren Kinder ergibt sich die Herausforderung, die zum Teil komplexen Bewegungen gemeinsam mit ihren PartnerInnen zu bewältigen. Beim Rückwärtsrollen müssen sie z. B. nicht nur die Bewegung beherrschen, sondern diese auch mit ihrem Partner zwischen den Beinen führen und kontrollieren können. Neben den individuellen Herausforderungen stellt das Rollen und Schaukeln, wie auch das Ziehen eine freudvolle Bewegungsform für alle Beteiligten dar, an denen alle Spaß haben. In der abschließenden Runde werden die jüngeren Kinder in Kontakt zueinander gebracht, während die älteren gemeinsam ziehen.

4.7 Gruppe mit kognitiv beeinträchtigten Erwachsenen

BEISPIEL

Stundenbild 7: Die Gruppenmitglieder werden beim Eintreffen an der Tür persönlich und mit Handschlag begrüßt und dann motiviert, sich je nach aktueller Stimmung durch den Raum zu bewegen. Wer müde ist, geht vielleicht langsam, wer gute Laune hat, bewegt sich beschwingt und hüpft vielleicht sogar. Während sich alle bewegen, versucht die Anleiterin, die verschiedenen Stimmungen zu erraten, beschreibt die Bewegungen, die sie sieht und ermuntert die Gruppe, Bewegungen der anderen zu imitieren. Sie selbst bringt eine Stimmung und Bewegungsform ein, die die anderen nicht zeigen. Nach einigem Ausprobieren fordert sie die Gruppenmitglieder auf, sich gegenseitig zu begrüßen und zwar mit unterschiedlichen Körperteilen. Sie fragt dazu, welche Körperteile denn wohl geeignet wären. Alle können Ideen einbringen, die dann ausprobiert werden. Nach dem sich alle begrüßt haben, gibt sie jedem Teilnehmer einen Sitzball, der in einem Reifen fixiert wird, und bittet die Gruppe, sich mit dem Sitzball in einen Kreis zu setzen. Auf dem Ball können nun verschiedenen Bewegungen ausprobiert werden, hüpfen, mit Gewichtsverlagerung nach vorn rollen oder nach hinten, und vielleicht sogar darauf liegen. Die Anleiterin ermutigt die einzelnen TeilnehmerInnen, eigene Ideen zu entwickeln und den anderen zu zeigen, die sie dann auch ausprobieren können. Manche genießen das Hüpfen und lachen dabei laut, andere legen sich mit dem Bauch auf den Ball und entspannen sich. Anschließend setzen sich wieder alle auf den Ball, und gemeinsam werden verschiedene Möglichkeiten versucht, einzelne Beine anzuheben. Dazu wird überlegt, wie die Knie nach oben bewegt werden können, z.B. durch Ziehen an einem imaginären Faden wie bei einer Marionette oder auch direktes Hochheben. Nachdem einige Varianten gefunden wurden, sollen die Gruppenteilnehmer in Paaren Wege suchen, dass jeweils einer einen Fuß oder vielleicht auch beide anheben und sich auf dem Ball ausbalancieren kann. Wie kann der Partner unterstützt werden? Auch hier werden die Paare ermutigt, sich die Lösungen der anderen anzuschauen oder auch ihre eigenen zu zeigen. Nach einigen Minuten gibt es einen Partnerwechsel. Anschließend können die Paare versuchen, sich gegenseitig so zu stabilisieren, dass beide ein Bein oder beide anheben können. Als abschließende Sequenz setzen sich alle mit ihren Bällen in den Kreis und versuchen, sich an den Händen haltend zu unterstützen, dass erst jeder zweite Partner die Beine heben kann und zum Ende vielleicht sogar alle ein Bein heben können. Die Stunde schließt mit der Frage, welche Aktivität den TeilnehmerInnen am besten gefallen hat. Dabei werden diese von der Anleiterin kurz aufgezählt, und sie fragt, ob die TeilnehmerInnen etwas in der nächsten Stunde nochmal machen möchten. Wieder verabschiedet die Anleiterin alle TeilnehmerInnen persönlich und mit Handschlag an der Tür.

Kommentierung: Das Ziel der Stunde liegt in einer allgemeinen Aktivierung, in der Förderung der Körperwahrnehmung, der Beziehungsgestaltung und des Kompetenzerlebens. Da viele Erwachsene mit kognitiven Beeinträchtigungen an Adipositas leiden und oft wenig bewegungsfreudig sind, ist die Stunde so geplant, dass wenig Anforderung an die Beweglichkeit gestellt wird, diese aber gleichzeitig gefördert wird. Alle haben die Möglichkeit, Ideen und Bewegungsformen ihren Fähigkeiten entsprechend einzubringen. Zum Anfang der Stunde begrüßt die Anleiterin alle TeilnehmerInnen persönlich mit Namen und Körperkontakt, um die Beziehung zu etablieren. Dies geschieht bewusst durch Berührung und Sprache, um eine möglichst direkte und deutliche Begegnung zu ermöglichen. Alle sollen sich gesehen und ihre Anwesenheit wertgeschätzt fühlen. Mit der Anfangssequenz möchte die Anleiterin Gelegenheit zu Selbst- und Fremdwahrnehmung geben, indem die TeilnehmerInnen überlegen, welche Stimmung sie haben, welche Bewegung dazu passt, aber auch schauen, wie es den anderen geht. Durch die Ermunterung, die Bewegungen der anderen zu imitieren, können neue und weniger vertraute Bewegungsqualitäten ausprobiert werden und möglicherweise auch Stimmungswechsel (von müde zu munter) stattfinden. In der Begrüßung wird die Gruppenwahrnehmung gestärkt und parallel die Wahrnehmung verschiedener Körperteile ermöglicht. Immer wieder ermutigt die Anleiterin die TeilnehmerInnen, kreativ zu sein und ihre Ideen zu zeigen. Durch die Aufforderung, Bewegungen der anderen nachzumachen, kann eine Erweiterung des eigenen Repertoires stattfinden. Für die folgenden Aktivitäten im Kreis werden Sitzbälle eingesetzt, da die meisten Erwachsenen mit Bewegungen auf dem Boden überfordert wären. Durch die Eigenschaften des Balls sind ganzkörperliche Erfahrungen wie z. B. im Hüpfen oder auch im Vorwärts- und Rückwärtsrollen möglich, die den Bewegungen auf dem Boden ähnlich sind. Die Aufgabe, verschiedene Bewegungen auf dem Ball zu finden, spielt mit den Themen „Gleichgewicht“ und „Stabilität“. Besonders das Hüpfen auf dem Ball, wie auch das Liegen darauf, wird von vielen TeilnehmerInnen als lustvoll erlebt. Die Sequenz der Kniewahrnehmung erweitert die eingeführten Themen in der Umsetzung um die Erfahrung in der Partnerarbeit.

Die TeilnehmerInnen bekommen die Möglichkeit, sich mit Unterstützung auszuprobieren und auch selbst als Unterstützer zu erleben. Diese Erfahrung ist besonders wichtig, da sie im Alltag häufig auf Unterstützung anderer angewiesen sind und manchmal nur wenig selbst entscheiden dürfen. Die Beziehungsdimension wird von einem *Füreinander* zu einem *Miteinander* variiert, dabei von der Partnerarbeit zur Interaktion in der Gesamtgruppe. Auch hier sollen die TeilnehmerInnen selbst darüber entscheiden, wie die einzelne Bewegung ausgeführt wird. Die Abschlussrunde gibt allen die Möglichkeit, eine persönliche Rückmeldung zur Stunde zu geben und zeigt damit eine Wertschätzung der TeilnehmerIn durch die Anleiterin. Mit der persönlichen Verabschiedung wird die Beziehung zu jedem einzelnen noch einmal aufgenommen und so betont.

4.8 Gruppe mit SeniorInnen in einer Alterseinrichtung

BEISPIEL

Stundenbild 8: Im Raum ist ein Kreis mit Sitzhockern arrangiert. Die Anleiterin begrüßt alle TeilnehmerInnen an der Tür mit Handschlag und Namen. Alle SeniorInnen stellen sich vor einen Hocker und die Stunde beginnt einem Körperwecker. Dazu beginnen alle von der linken Hand über den Körper zu klopfen. Die Anleiterin gibt die Anregung einer Farbe, so dass jedes Köperteil nachher in der gewählten Farbe erscheint. Wer mag, kann sich dabei auf den Hocker setzen. Zum Schluss wird das Gesicht, die Haare, die Ohren und den Nacken ausgestrichen und die Hände ausgeschüttelt. Anschließend bewegen sich alle zu beschwingter Musik durch den Raum. Die Anleiterin arrangiert die Hocker so, dass sich immer zwei Menschen gegenüberstehen. Wenn die Musik stoppt, setzen sich alle auf einen Hocker, begrüßen den gegenüber sitzenden Menschen und berichten, was sie heute Morgen zum Frühstück gegessen haben. Der Partnerwechsel mit Musik geschieht, bis sich alle begrüßt haben. Beim nächsten Stopp setzen sich die Paare auf die Hocker oder bleiben stehen, und machen sich gegenseitig Bewegungen in der persönlichen Kinesphäre mit Armen und Beinen vor. Es entsteht ein Spiegelspiel, in welchem einer vormacht und der andere nachmacht. Dann fassen sich die PartnerInnen an die Hände. Jeweils einer führt den anderen mit Armbewegungen durch den persönlichen Raum, mal ganz eng am Körper, mal weit weg, mal nach oben, nach vorne oder in andere Raumrichtungen. Nach einem Rollenwechsel schlägt die Anleiterin vor, dass sich die TeilnehmerInnen gegenseitig von dem Hocker hochziehen können, bis sie beide stehen. Dann bietet sie an, dass sich ein/e PartnerIn fest und stabil auf den Hocker setzt und der jeweils andere durch ziehen und schieben schaut, wie stabil sie sitzen. Diese Aktivität löst in der Gruppe viel Gelächter aus. Anschließend setzen sich die Paare wieder gegenüber auf ihre Hocker und spielen Finger-Judo. Sie verschränken ihre jeweils rechte Hand ineinander und versuchen gegenseitig, den Daumen des Partners einzuklemmen. Auch dieses Spiel ist begleitet von einer ausgelassenen Stimmung. Die Aktivität endet, indem die PartnerInnen auf ihren Hockern Rücken an Rücken sitzen, sich aneinander anlehnen und leicht wiegen. Zum Abschluss stellen sich alle in den Kreis und klopfen sich zum Abschied gegenseitig auf die Schultern. Die Anleiterin verabschiedet alle Teilnehmenden persönlich mit Namen und Handschlag.

Kommentierung: Der Schwerpunkt dieser Stunde liegt auf der Vermittlung von Kompetenzerleben durch Körper- und Raumwahrnehmung und den verschiedenen Formen der Beziehungsgestaltung. Hier liegt ein besonderes Augenmerk auf der Beziehungsdimension des *Füreinander* in der Rolle des Unterstützenden und im *Gegeneinander*. Viele SeniorInnen sind in ihrem Alltag auf Unterstützung angewiesen. Selbst wenn sie körperlich und kognitiv rüstig sind, haben sie im durchstrukturierten Alltag einer Senioreneinrichtung oft wenig Möglichkeit zur Selbstbestimmung oder zum Einbringen eigener Kompetenzen und Fähigkeiten. In den verschiedenen Aktivitäten soll die Gelegenheit gegeben werden, sich als selbstbestimmt und handlungsfähig zu erleben und dabei mit Spaß und Freude im Kontakt zu anderen Menschen zu treten. Auch Erfahrung des direkten und gewollten Körperkontaktes kann für SeniorInnen in besonderer Weise bedeutsam sein, da sie im Alltag oft wenig solcher Kontakte haben. Mit der Aktivität des Körperweckers wird die Aufmerksamkeit auf die eigene Person gelenkt. Das Ausstreichen, besonders im Gesicht, bietet die Möglichkeit, sich selbst fürsorglich zu begegnen, sich „etwas Gutes zu tun" und die eigene Berührung zu genießen. In der folgenden Aktivität wird sehr niedrigschwellig Kontakt zu den anderen Gruppenmitgliedern hergestellt, der zunehmend intensiviert wird. Die Aktivität des Spiegelns bietet so einerseits die Erfahrung gesehen zu werden, die Führungsrolle zu übernehmen, aber auch sich dem anderen anzupassen. Andererseits kann das Bewegungsrepertoire durch die Imitation der Bewegungen der PartnerInnen erweitert werden. Mit der Berührung an den Händen wird Körperkontakt aufgenommen und die Beziehungsdimension des *Füreinander* im engeren Sinne angeboten. Diese Aktivität kann auch mit geschlossenen Augen der

PartnerInnen ausgeführt werden. So wird das Vertrauen in die jeweiligen PartnerInnen betont und auch die Möglichkeiten, Verantwortung abzugeben und die Führung der PartnerInnen ohne visuelle Kontrolle zu genießen, eröffnet. Auf diese *Füreinander-Aktivität* folgt ein *Gegeneinander* in einer *aktiv-passiv-Rollenverteilung*, die dazu herausfordert, Kraft einzusetzen, sowohl in der Stabilisierung als auch in der Herausforderung. Ziel ist es hier, den SeniorInnen zu verdeutlichen, wieviel Kraft sie haben. Im Finger-Judo sind dann beide PartnerInnen aktiv und können sich in Geschicklichkeit und Kraft messen. Die abschließende Rücken an Rücken-Sequenz bietet die Beziehungsdimension des *Miteinander* an. Die Erfahrung der gegenseitigen, auch körperlichen, Unterstützung wird vermittelt, ein harmonischer Abschluss der Stunde damit herbeigeführt, in welchem die SeniorInnen sich entspannen können und Partnerschaft erleben. Mit dem Abschlusskreis und der Aktivität des Rückenklopfens wird das Gruppengefühl angesprochen und eine meist angenehme Körperwahrnehmung vermittelt. Auch in dieser Stunde nimmt die Anleiterin am Anfang und am Ende persönlich und körperlich Kontakt zu allen TeilnehmerInnen auf, um eine vertrauensvolle Beziehung zu etablieren und Wertschätzung zu vermitteln.

Literatur

Adamczyk, J. G., Polkowska, M., Boguszewski, D. (2011): The Influence of Exercises with Elements of Sherborne Developmental Movement of the Psychomotor Development of Children Between First and Second Year of Life. Antropomotoryka, 56, 85–90

Alfermann, D., Stiller, J. (2003): Selbstkonzept. In: Röthig, P., Prohl, R. (Hrsg.) Sportwissenschaftliches Lexikon. 7. überarb. Aufl. Hofmann, Schorndorf, 469–471

Anders, B., Weddemar, S. (2002): Häute scho(e)n berührt? Körperkontakt in Entwicklung und Erziehung. Verlag mordernes lernen, Dortmund

Becker, H. (1981): Konzentrative Bewegungstherapie. Thieme, Stuttgart

Bogdanowicz, M. (2007): Sherborne Developmental Movement in Poland. A Series of Studies Under the Supervision of Professor Marta Bogdanowicz. In: Marsden, E., Egertoin, J. (Hrsg.), 125–132

Bogdanowicz, M. (1992): The Results of the Research on the Application of the Sherborne Method in Poland. Issues in Special Education and Rehabilitation 2, 81–86

Buber, M. (1979): Ich und Du. 10. Aufl. Lambert Schneider Verlag, Heidelberg

Buytendijk, F. (1956): Allgemeine Theorie der menschlichen Haltung und Bewegung. Springer, Berlin

Daems, J., Missine, T., Bontinck, I., Jaminé, B., Goethals, V., van Renterghem, M. (2012): Sherborne bewegingspedagogiek: ontwikkelingsstimulerend bewegen. Abimo bvba, Sint-Niklaas

Dirjack, C. (1998): Vorwort des Übersetzers. In: Sherborne, V. (1998), 13–19

Eggert, D., Reichenbach, C., Lücking, C. (2007): Von den Stärken ausgehen ... Individuelle Entwicklungspläne in der Lernförderdiagnostik. 5. Aufl. Borgmann, Dortmund

Eiseler, Y., Kornmann, R., Luthringhausen, D., Wiegel, C. (2012): Planung inklusiv orientierten Unterrichts vor dem Hintergrund der Ansprüche einzelner Kinder – zwei Beispiele aus dem Sportunterricht mit motorisch beeinträchtigten Schülerinnen und Schülern. Zeitschrift für Inklusion, 1–2. In: www.inklusion-online.net/index.php/inklusion/article/view/154/146, 14.09.2017

Eisenburger, M. (2012): Zuerst muss die Seele bewegt werden. Ein theoriegeleitetes Praxisbuch. Verlag modernes lernen, Dortmund

Erikson, E. H. (1973): Identität und Lebenszyklus. Drei Aufsätze. 28. Aufl. Suhrkamp, Berlin

Fediuk, F. (2008) (Hrsg.): Inklusion als bewegungspädagogische Aufgabe. Menschen mit und ohne Behinderung gemeinsam im Sport. Schneider, Baltmannsweiler

Fediuk, F., Hölter, G. (2003): Schüler mit Behinderung. Für eine Sportpädagogik der Vielfalt. Sportpädagogik, 27 (4), 22–25

Filer, J. (2007): Bonding Through Developmental Movement Play. In: Marsden, E., Egertoin, J. (Hrsg.): Moving With Research. Sunfield Publications, Sunfield, 89–106

Fischer, K. (2009): Einführung in die Psychomotorik. 3. Aufl. Ernst Reinhardt, München/Basel

Flosdorf, P. (2009): Heilpädagogische Beziehungsgestaltung. 2. Aufl. Lambertus, Freiburg i. Br.

Flosdorf, P. (1988): Spielsport – ein heilpädagogisches Konzept zur gezielten psychomotorischen Behandlung verhaltensauffälliger Kinder und Jugendlicher. In: Flosdorf, P.

(Hrsg.): Theorie und Praxis stationärer Erziehungshilfe. Bd. 2. Lambertus, Freiburg i. Br., 206–223
Flosdorf, P., Rieder, H. (1967): Sport und Spiel in Gruppe und Heim. Lambertus, Freiburg i. Br.
Freund, A. M., Nikitin, J. (2012): Junges und mittleres Erwachsenenalter. In: Schneider, W., Lindenberger, U. (Hrsg.): Entwicklungspsychologie. 7. Aufl. Beltz, Weinheim, 259–282
Friedrich, B., Welsche, M. (2017): „Beziehung in Bewegung". Ein Eltern-Kind Projekt. Praxis der Psychomotorik 42 (1), 26–33
Friedrich, B., Welsche, M. (2016): „Beziehung in Bewegung". Ein Eltern-Kind-Projekt. Erhebung der Elternperspektive mittels qualitativer Leitfadeninterviews. Motorik 39 (1), 47–49
Fröhlich-Gildhoff, K., Dörner, T., Rönnau-Böse, M. (2016): Prävention und Resilienzförderung in Kindertageseinrichtungen – PRiK. Ein Förderprogramm. 3. akt. Aufl. Ernst Reinhardt, München / Basel
Funke-Wieneke, J. (2010): Bewegungs- und Sportpädagogik. 2. Aufl. Schneider, Baltmannsweiler
Funke-Wieneke, J. (2007): Bewegungsdiagnose – eine neue Aufgabe für Sportlehrerinnen und Sportlehrer. Sportpädagogik 31 (1), 4–9
Funke-Wieneke, J. (1997): Soziales Lernen im Sportunterricht. Sportpädagogik, 21 (2), 28–39
Gergely, G. (2002): Ein neuer Zugang zu Margaret Mahler: Normaler Autismus, Symbiose, Spaltung und libidinöse Objektkonstanz aus der Perspektive der kognitiven Entwicklungstheorie. Psyche, 56 (9–10), 809–838
Giese, M., Weigelt, L. (2013): Sportunterricht auf dem Weg zur Inklusion. Sportpädagogik 37 (6), 2–6
Grawe, K. (2000): Psychologische Therapie. 2. korr. Aufl. Hogrefe, Göttingen
Grossmann, K. E., Grossmann, K. (2015): Bindung und menschliche Entwicklung: John Bowlby, Mary Ainsworth und die Grundlagen der Bindungstheorie. 4. Aufl. Klett-Cotta, Stuttgart
Grupe, O. (1976): Was ist und was bedeutet Bewegung? In: Hahn, E., Preising, W. (Hrsg.): Die menschliche Bewegung. Hofmann, Schorndorf, 3–9
Haas, R. (1999): Entwicklung und Bewegung. Der Entwurf einer angewandten Motologie des Erwachsenenalters (Reihe Motorik). Hofmann, Schorndorf
Haas, R., Reck-Golmert, C., Kühn, C. (2014): Psychomotorische Gesundheitsförderung in der Praxis: Spiel- und Dialogräume für Erwachsene (Reihe Motorik). Hofmann, Schorndorf
Hammer, R. (1995): Bewegung in der Heimerziehung. Inaugural Diss., Dortmund
Hen, M., Walter, O. (2012): The Sherborne Developmental Movement (SDM.) Teaching Model for Pre-Service Teachers. Support for Learning 27 (1), 11–19
Hill, C. (2006): Communicating Through Movement. Sherborne Developmental Movement – Towards a Broadening Perspective. Sunfield Publications, Sunfield
Hinsch, R., Pfingsten, U. (2015): Das Gruppentraining sozialer Kompetenzen (GSK). Grundlagen, Durchführung, Materialien. 6. Aufl. Beltz, PVU, Weinheim
Hölter, G. (2013): Psychomotorik in Deutschland am Beginn des 21. Jahrhunderts. Motorik 36 (1), 9–17
Hölter, G (2011): Bewegungstherapie bei psychischen Erkrankungen. Grundlagen und Anwendung. Deutscher Ärzte-Verlag, Köln
Hölter, G. (2008): Perspektiven einer Sportpädagogik der Vielfalt – Integration und Inklusion. In: Fediuk, F. (Hrsg.), 97–122
Hölter, G., Fediuk, F. (Red.) (2003): Schwerpunktheft „Schüler mit Behinderung". Sportpädagogik, 27 (4), 22–25

Hölter, G. (1993): Mototherapie mit Erwachsenen. Hofmann, Schorndorf
Hölter, G. (1984): „Balancieren ist nicht immer genug“. Überlegungen zu einer erweiterten Sichtweise von Bewegungsstörungen in der Schule. Motorik 7 (4), 167 – 172
Kamp-Becker, I., Bölte, S. (2014): Autismus. Ernst Reinhardt, München / Basel
Kegan, R. (1994): Die Entwicklungsstufen des Selbst. Fortschritte und Krisen im menschlichen Leben. Kindt, München
Kennedy, A. (2010): Bewegtes Wissen. Logos, Berlin
Krampen, G., Reichle, B. (2008): Entwicklungsaufgaben im frühen Erwachsenenalter. In: Oerter, R. Montada, L. (Hrsg.): Entwicklungspsychologie, 6. Aufl. Weinheim: Beltz Psychologie Verlags Union, Weinheim, 333 – 365
Koch, S. (2009): Entwicklungsdiagnostik mit dem Kestenberg Movement Profil. motorik 33 (1), 19 – 25
Konaka, J. (2007): Developing Social Engagement Through Movement: An Adapted Teaching Approach for Children With Autistic Spektrum Disorders. In: Marsden, E., Egertoin, J (Hrsg.), 31 – 52
Konieczna, A., Demczuk-Włodarczyk, E., Kudryńska, B., Fortuna, M. (2010): Using the Method of Developmental Movement by Veronica Sherborne in Treatment of Child With Autism Features. Postępy Rehabilitacji 24 (4), 29 – 35
Laban, R. (2003): Kunst der Bewegung. 2. Aufl. Florian Noetzel Verlag, Wilhelmshaven
Laban, R. (1966): Der erzieherische und therapeutische Wert des Tanzes. In: Willke, E., Hölter, G., Petzold, H. (Hrsg.) (1991): Tanztherapie. Theorie und Praxis. Junfermann, Paderborn, 79 – 93
Laban, R., Ullmann, L. (2003): Der moderne Ausdruckstanz in der Erziehung. Eine Einführung in die kreative tänzerische Bewegung als Mittel zur Entfaltung der Persönlichkeit. 6. Aufl. Florian Noetzel Verlag, Wilhelmshaven
Lapierre, A., Aucouturier, B. (2002): Die Symbolik der Bewegung: Psychomotorik und kindliche Entwicklung. 2. Aufl. Ernst Reinhardt Verlag, München / Basel
Martin, M. (2007): Spätes Erwachsenenalter. In: Hasselhorn, M., Schneider, W. (Hrsg.): Handbuch der Entwicklungspsychologie. Hogrefe, Göttingen, 208 – 220
Marsden, E., Egertoin, J. (Hrsg.) (2007): Moving with Research. Sunfield Publications, Sunfield
Marsden, E., Hare, M., Weston, C. (2007): Improving the Movement Vocabulary and Social Development of Children in Early Years. In: Marsden, E., Egertoin, J. (Hrsg.), 52 – 68
Montagu, A. (2015): Körperkontakt. Die Bedeutung der Haut für die Entwicklung des Menschen. 13. Aufl. Klett-Cotta, Stuttgart
Mummendey, H. D. (2006): Psychologie des „Selbst“. Theorien, Methoden und Ergebnisse der Selbstkonzeptforschung. Hogrefe, Göttingen
Oerter, R., Montada, L. (1998): Entwicklungspsychologie. 4. Aufl. Beltz, Weinheim
Perrottet, C., Laban, R. v. (1995): Kinetografie – Labanotation: Einführung in die Grundbegriffe der Bewegungs- und Tanzschrift. Florian Noetzel, Wilhelmshaven
Petermann, F., Petermann, U. (2012): Training mit aggressiven Kindern. Beltz, Weinheim
Röhricht, F., Seidler, K. P., Joraschky, P., Borkenhagen, A., Lausberg, H., Lemche E., Loew T., Porsch, U., Schreiber-Willnow, K., Tritt K. (2004): Konsensuspapier zur terminologischen Abgrenzung von Teilaspekten des Körpererlebens in Forschung und Praxis. Psychotherapie, Psychosomatik, medizinische Psychologie, 55 (3 / 4), 183 – 190
Saarni, C. (2002): Die Entwicklung von emotionaler Kompetenz in Beziehungen. In: Salisch, M. v. (Hrsg.): Emotionale Kompetenz entwickeln. Grundlagen in Kindheit und Jugend. Kohlhammer, Stuttgart, 3 – 30
Seewald, J. (2007): Der verstehende Ansatz in Psychomotorik und Motologie. Ernst Reinhardt, München / Basel

Scherler, K. (1990): Bewegung als Zeichen. In: Göhner, U., Gabler, H. (Hrsg.): Für einen besseren Sport. Hofmann, Schorndorf, 396–414.

Sherborne, V. (2001): Developmental Movement for Children. Mainstream, Special Needs and Pre-School. 2. Aufl. Worth Publishing, London

Sherborne, V. (1998): Beziehungsorientierte Bewegungspädagogik. Ernst Reinhardt, München/Basel

Siegler, R., Eisenberg, N., DeLoache, J., Saffran, J. (2016): Entwicklungspsychologie im Kindes- und Jugendalter. 4. Aufl. Springer, Berlin

Simons, Joh., Simons, J., Leitschuh, C., Popa, M.R. (2011): The Effect of Body Awareness Training of Pre-School Children Based on the Sherborne Developmental Movement Method versus Regular Physical Education Class. European Psychomotricity Journal 4 (1), 38–50

Stern, D. (2011): Ausdrucksformen der Vitalität. Brandes & Apsel, Frankfurt a. M.

Stiller, J., Alfermann, D. (2008): Inhalte und Struktur des physischen Selbstkonzepts. In: Conzelmann, A., Hänsel, F. (Hrsg.): Sport und Selbstkonzept. Hofmann, Schorndorf, 14–25

Thornquist, E. (2012): Movement and Interaction. The Sherborne Approach and Documentation. Universitetsforlaget, Oslo

Tiemann, H. (2016): Konzepte, Modelle und Strategien für den inklusiven Sportunterricht – internationale und nationale Entwicklungen und Zusammenhänge. Zeitschrift für Inklusion, 10/2016. In: www.inklusion-online.net/index.php/inklusion-online/article/view/382; 05.07.2017

Wagner, P., Alfermann, D. (2006): Allgemeines und physisches Selbstkonzept. In: Bös, K., Brehm, W. (Hrsg.): Handbuch Gesundheitssport. 2. Aufl. Hofmann, Schorndorf, 223–345

Weichert, W. (2012): Heterogenität und Inklusion im Sport. Die sportpädagogische Sicht. In: Scheid, V., Wegner, M. Creutzburg, S. Pochstein, F. (Hrsg.): Wege in eine bewegte Zukunft. Positionen – Projekte – Perspektiven. Bericht zum Kongress Rehacare International, Düsseldorf 2010. Meyer & Meyer, Aachen, 256–267

Weichert, W. (2008): Integration durch Bewegungsbeziehungen. In: Fediuk, F. (Hrsg.), 55–96

Weichert, W. (2003): Mit den Unterschieden spielen. Heterogenität attraktiv machen. Sportpädagogik, 27 (4), 26–31 und 5–7

Welsche, M. (2015): Geschlechtsidentität im Kindes- und Jugendalter. Entwicklungspsychologische Perspektiven, Stellenwert in und Bedeutung für die Psychomotorik. In: Reichenbach, C., Richter-Mackenstein, J. (Hrsg.): Forschungsansätze und Methodendiskussion, von prä- und perinatalen Erfahrungen, Identitäten und Geschlechterkonstruktionen bis körperorientierten Methoden in Psychomotorik und Motologie. Wissenschaftlicher Verlag für Psychomotorik und Motologie, Marburg, 37–51

Welsche, M. (2006): Sherbornes Beziehungsorientierte Bewegungspädagogik als Baustein der klinischen Bewegungstherapie mit Jugendlichen. Praxis der Psychomotorik, 31 (4), 225–232

Welsche, M., Romer, G. (2008): „Wer bin ich?" Das Körperbild von Mädchen in jugendpsychiatrischer Behandlung: Implikationen für eine körperfokussierte Bewegungstherapie am Beispiel der Bartenieff Fundamentals. In: Beudels, W., Hammer, R., Kuhlenkampf, St., Hamsen, R., Volmer, J. (Hrsg.): Bewegung in der Lebensspanne. Aktionskreis Literatur und Medien, Lemgo, 248–264

Welsche, M., Stobbe, C., Hölter, G., Romer, G. (2007a): Bewegungsdiagnostik und Bewegungstherapie in der Kinder- und Jugendpsychiatrie. Zeitschrift für Kinder- und Jugendpsychiatrie 35 (6), 435–445

Welsche, M., Stobbe, C., Romer, G. (2007b): „Und wer sieht uns?“ – Bewegungsdiagnostik für Jugendliche. Motorik 30 (2), 94–101

Welsche, M., Kennedy, A., Penfield, K. (2007c): Movement Pattern Analysis – Methode zur Erfassung individueller Entscheidungs- und Handlungsmotivationen. In: Koch, S., Bender, S. (Hrsg.): Movement Analysis: The Legacy of Laban, Bartenieff, Lamb and Kestenberg. Logos, Berlin, 42–52

Wieczorek, M. (2009): Evaluation of Changes in Children With the Down Syndrome After Physical Education Classes Given in the Basis of the Veronica Sherborne Method. Archieves of Diseases in Childhood 23 (4), 17–21

Wieczorek, M., Kuriata, B. (2014): Sherborne Developmental Movement Method as a Form of Support for Therapy in Children With Autism Spectrum Disorders. Journal of Health Science 4 (13), 95–103

Willke, E., Hölter, G., Petzold, H. (Hrsg.) (2014): Tanztherapie – Theorie und Praxis. Ein Handbuch. Reichert Verlag, Wiesbaden

Wocken, H. (1998): Gemeinsame Lernsituationen. Eine Skizze zur Theorie des gemeinsamen Unterrichts. In: Hildeschmidt, A., Schnell, I. (Hrsg.): Integrationspädagogik. Auf dem Weg zu einer Schule für alle. Beltz Juventa, Weinheim, 27–52

Wurzel, B. (2008): Mehrperspektivischer Sportunterricht in heterogenen Gruppen von nicht behinderten und behinderten Schülern. In: Fediuk, F. (Hrsg.), 123–141

Wygotski, L. S. (1987): Ausgewählte Schriften, Bd. 2. Arbeiten zur psychischen Entwicklung der Persönlichkeit. Pahl-Rugenstein, Köln

Zawadzka, D., Rymarczuk, A., Bugaj, R. (2014): Evaluation of the Effectiveness of Sensory Integration and Sherborne Developmental Movement in Improving of Psychomotor Functioning of Autistic Children. Fizjoterapia 22 (1), 3–17

Zimmer, R. (2012): Handbuch der Psychomotorik. Herder, Freiburg

Zimmer, R. (2004): Handbuch der Bewegungserziehung. Grundlagen für Ausbildung und pädagogische Praxis. 2. Ausg. d. überarb. u. erw. Neuausg. (15. Gesamtaufl.), Herder, Freiburg

Zwolińska, D., Podstawski, R., Nowosielska-Swadżba, D. (2014): The Importance of Persons Accompanying Children With Moderate Intellectual Disability in the Therapy of Veronica Sherborne Developmental Movement. Advances in Rehabilitation 28 (2), 33–40

Anhang

Filmverzeichnis

- 1965 „In Kontakt sein" (In Touch) – Bewegungsstunden mit kognitiv beeinträchtigten Kindern
- 1971 „Erkundigungen" (Explorations) – Dokumentation von Stunden mit Studierenden
- 1976 „Ein Gefühl für Bewegung" (A Sense of Movement) – Bewegungsstunden mit kognitiv beeinträchtigten Kindern, begleitet von Erwachsenen und Jugendlichen mit Beeinträchtigungen
- 1980 „Eine Sache des Vertrauens" (A matter of Confidence) – Bewegungsstunden mit sozial benachteiligten Kindern und ihren Eltern
- 1982 „Brücken bauen" (Building Bridges) – Bewegungsstunden mit kognitiv beeinträchtigten Erwachsenen
- 1986 „Gute Freunde" (Good Companions) – Bewegungsstunden mit heterogenen Kindergruppen

Fortbildungsmöglichkeiten

1992 wurde die Internationale Sherborne Cooperation (ISCO) gegründet (www.sherborneinternational.com), um das Sherborne-Konzept weiterzuentwickeln. Zu den nationalen Verbänden in der Cooperation gehören England, Schweden, Belgien, Norwegen und die Niederlande. Neben der Förderung des Austausches zwischen den Praktizierenden befasst sich die Organisation mit Fragen der Ausbildung, die in drei Stufen erfolgt, und deren Standards. KursleiterInnen mit Ausbildungsqualifikation gibt es bereits in Belgien, Deutschland, Griechenland, Großbritannien, Holland, Italien, Japan, Norwegen, Polen und Schweden. Laut Sherborne International wird das Sherborne-Konzept allerdings weit über diese Länder hinaus praktiziert.

In Deutschland werden Fortbildungen nach internationalen Standards von der Sherborne-Vereinigung Deutschland (www.sherborne-deutschland.com) angeboten oder wie an der Katholischen Hochschule Freiburg im Studiengang Heilpädagogik und Soziale Arbeit in Kooperation mit „Sherborne Deutschland" gelehrt.

Zur Laban-Bewegungsanalye werden neben einer mehrjährigen Weiterbildung zum CLMA in Deutschland von Eurolab an verschiedenen Standorten in Deutschland Einführungskurse durchgeführt (www.laban-eurolab.org). International werden vom Laban/Bartenieff Institute of Movement Studies (www.limsonline.org) verschiedene Formate der Fort- und Weiterbildung in der Laban Bewegungsanalyse angeboten.

Sachregister